インサイト中心の成長戦略

上場企業創業者から学ぶ
事業創出の実践論

中村陽二
Yoji NAKAMURA

INSIGHT
◎

実業之日本社

はじめに

課題意識

筆者は自身の事業立ち上げの実務経験を元に、これまで多くの企業に対し新規事業創出のアドバイザリーを行ってきた。その過程で、数百件以上の事業創出に関するインタビューを通じた事例研究を行う機会を得ることができた。

これらの経験から気付いたことは「成果を出している実業家らが実践している事業創出の方法が驚くほど知られていない」ということである。

実際に、実務として有効ではないフレームワークのツギハギのような方法が頻繁に採用され、成果を生まないという場面を何度も目にしてきた。このような状況に対して実践的な事業創出方法を提案し、企業変革に貢献したいと強く思うようになった。

本書の特徴

本書はゼロから起業して上場までに至った6名の実業家らの事例を中心に、どのようにすれば新たな領域へ進出し、事業を成功させることができるのか、という方法を解説していく。新領域進出に向けては自社による新規事業・M&A・マイノリティ投資という手段を活用できるが、本書としては新規事業に主な焦点を当てる。アメリカや中国の事例も補足的に用いるが、これは知名度が高いため多くの人に理解しやすく、また多くの研究がされているため事例収集がやりやすいという都合で利用するものである。

特に大きな組織を持つ企業内でも実践しやすいように、その方法を社内に取り込む際の組織的な課題に対しどのように対応するべきかという点にも注意深く説明を加えた。

「起業家」という言葉は多くのステレオタイプが付きまとうため、「実務として成果を出している」という敬意を込めて「実業家」という呼称を採用するものとする。

本書では可能な限り、実業家らの事例をありのままに解釈しようと心がけた。そのために経営学に関する本でのみ登場するような言葉や、既存のフレームワークに基づいた解釈を意図的に避けたが、これには偏見を与えないようにしたいという意図がある。

また、あまりにも無骨で読みづらくならないようアカデミックよりもカジュアルな表現を心がけた。学びもありつつ、できれば読んでいて面白いと感じる本になれば幸いである。

本書が提唱する方法論の特徴

本書の主な主張は以下である。

□ 企業は自社の能力に強烈に制約されている。その制約条件を正確に把握し事業領域を定める必要がある。新たな能力獲得を必要とするならば投資意思と共にある必要がある。新たな能力を獲得するには自社で参入する以外にもM&A・マイノリティ投資を活用することで時間を短縮できる。

□意義のある対象事業領域の設定は初期的なインサイト発見と共にあることが多い。そのインサイトは通常業務の中で発見することができる。事業領域の拡大を続けるには日常的なインサイト探索に務めるべきだ。

□競争力と言える能力は主に「企画」「製造・サービス提供」「営業」「マーケティング」「マネジメント」の観点に注目すると発見しやすい。これらについて他社に対して優位性があると言える必要がある。なお単一の能力という点は成功を保証するものではなく、「参入の契機」程度の役割しか果たさない。企業の競争力は実際には能力を複合的に組み合わせたシステムが生み出す。

□「参入の契機」があれば新領域へ進出し、能力獲得の機会を得ることができる。「参入の契機」は参入に際して社内説得性を与える。ただしこの時点では競争力は低く、拡張性が高いビジネスを即時作ることは困難であるということを受け入れるべきだ。事業拡大のためには能力獲得およびインサイト発見に努め、段階的拡大へ進む必要がある。

□能力獲得には時間がかかり高い不確実性が伴う。新領域に進出し新たな能力を獲得する習慣を持ち合わせてこなかった企業にとっては、特にそうである。企業は日常的な能力獲得を行ってこそ、常に自社の事業領域を拡大させ続けることができる。能力獲得を習慣とするためには、常に新規顧客層の開拓・新商材の投入・新規事業への挑戦を続ける必要がある。

□成長戦略の中核をなすのはインサイトである。インサイトは顧客中心、先行者中心の両面で発見することが可能である。インサイト発見のためには対象顧客および先行者らとの対話を重ねることが有効である。頻繁な対話抜きにインサイトを発見することは極めて難しい。インサイトは客観的に説明困難であり、背景知識・経験を共有する人らとしか共有できない。

□事業を立ち上げるためには熱意のある事業リーダーおよび機動力のある運用体制が欠かせない。この2つを欠いては、どのような戦略を描こうと事業を成功させる難易度が極めて高くなってしまう。戦略策定と同時に機動的な運用体制構築に努めるべきだ。

対象者

本書は新領域進出・事業創出に携わる人らを対象としている。具体的には企業のマネジメント層、実務担当者、起業を志す・すでに起業している方々を意識して執筆を進めた。これから起業を志す方へは組織的な課題に関する記述は無駄に思えてしまうかもしれない。しかし、人間の組織は大企業にならずとも、20名程の社員数であっても組織的な課題を多く発生させる。その課題に対しどのように向き合うのかという参考にしていただければと思う。

企業の競争力は、環境への適応を続けなければ低下することは言うまでもないだろう。能力を日常的に獲得し続け、いかに新規事業・M&A・マイノリティ投資を活用しながら事業領域を拡大し持続的に成長し続ける会社を作り出すのか、ということが本書のテーマである。

筆者の略歴

東京大学工学部卒・同大学院工学系研究科修了。２０１４年新卒でマッキンゼー・アンド・カンパニー入社。２０１５年退社後、事業再生を目的とした株式会社サイシード設立、代表取締役に就任。人材・広告会社を買収し代表として事業再生を行う。事業再生の後、会社を売却。売却先の取締役に就任。２０１７年より新規事業としてＡＩ事業を立ち上げ売上20億円・営業利益11億円に到達後、投資ファンドへ売却。２０２１年、取締役として東証グロース市場へ上場。２０２１年、エンジェル投資先企業が東証グロース市場へ上場。現在自身が代表を務める株式会社ストラテジーキャンパスでは、国内および海外を対象とした新規事業・投資に関するコンサルティングプロジェクトを多数実施している。

新規事業はそもそも必要なのか

既存の主力事業が高い成長性を持っている、もしくは企業として不確実性を含む成長を目指していない場合は、必ずしも新規事業に取り組むべきではない。例えば主力事業が勢いよく成長しているベンチャー企業にとっては、主力事業に全てを集中し新規事業に取り組まないことは正しい戦略ですらある。

一方で、それ以外の企業にとっては新規事業・新領域への進出は会社の持続的成長を担保する要素として必要であることがほとんどではないだろうか。自社が変化を望まなくても事業環境は激しく変動していく。それに適応することができなければ競争力は失われていく。成長どころか現状を保つためにも新領域への進出は企業にとって常に必要となる。

はじめに 001
本書に登場する実業家紹介 011

第1部 事業領域の選定

事業領域の選定——総論 018

第1章 進出する事業領域の選び方 027

1 実業家たちの事業領域選定 028
2 儲かっている先行者の情報から始める 032
3 情熱を持てるものから始める 039
4 構造変化から始める 045
5 実務を通じたインサイトから始める 049

第2章 自社の能力を踏まえた領域検討 052

1 実業家たちの能力活用法 053
2 新規事業で活用できる自社の能力 061
3 能力の把握方法 069
4 日常的な能力拡張 074
5 ゼロから始まる能力獲得と領域拡大 081
6 個人の能力を十分活用した領域選定事例 086
7 飛び地における能力獲得 092
8 M&A・マイノリティ投資の活用 106

第3章 事業領域の評価 123

1 調査を通じた事業領域の評価 124
2 対象領域の調査方法 139

第2部 インサイトの発見

インサイト――総論 150

第1章 インサイトの発見 159

1 実業家たちのインサイト 160
2 インサイトの定義 167
3 顧客インサイトの発見 173
4 先行者インサイトの発見 183

第2章 インサイトの活用 188

1 先行者インサイト活用の実務に関する補足 189
2 追求する新規性とリスクの調整 206
3 顧客インサイトと先行者インサイトのバランス 211

4 インサイトの客観性 215
5 インサイト発見は細分化しない 222
6 インサイトから実行へ 229

第3部 事業立ち上げの遂行

事業立ち上げ――総論 238
第1章 事業立ち上げの方法論 246
1 実業家らの事業立ち上げ 247
2 実業家らの事例を通じた学び 266
3 大企業内での事業立ち上げ事例 271
4 大企業での事業立ち上げからの学び 284

第2章 事業の継続・成長と撤退 289
1 撤退・戦略の大幅修正 290
2 集中投資段階へ 301

実業家の素質 304
本書が提唱する事業創出プログラム 309
筆者の経歴紹介 320
あとがき 333
主な主要参考文献・資料一覧 335

装丁・本文デザイン　三森健太（JUNGLE）
イラスト　村林タカノブ
本文DTP　株式会社千秋社
校正　株式会社ヴェリタ
編集　白戸翔（ニューコンテクスト）

本書に登場する実業家紹介

株式会社アカツキ取締役・Akatsuki Ventures代表取締役社長

石倉壱彦 氏

ＫＰＭＧあずさ監査法人を経て、２０１３年に株式会社アカツキに入社し、コーポレート体制の立ち上げや株式上場準備に従事。２０１５年より株式会社３ミニッツのＣＦＯとして経営管理部門を統括し、資金調達・経営戦略の立案・事業の立ち上げに従事し、同社のＭ＆Ａを牽引。２０１８年に株式会社アカツキの執行役員およびHeart Driven Fundのパートナーに就任。２０２２年４月に株式会社Akatsuki Venturesを立ち上げ、同社の代表取締役社長に就任し、Dawn Capital代表パートナーとして投資事業に従事。

株式会社プログリット代表取締役社長

岡田祥吾 氏（英語学習事業）

大阪大学卒業後、２０１４年、マッキンゼー・アンド・カンパニーに入社。製造業、ヘルスケア業界、金融業界など幅広い業界の企業に向けてコンサルティングサービスを提供。２０１６年、山﨑氏と現株式会社プログリット（当時株式会社ＧＲＩＴ）共同創業。２０２２年９月東京証券取引所グロース市場上場。

株式会社yutori代表取締役社長

片石貴展氏（アパレルブランド事業）

１９９３年神奈川県出身。明治大学商学部卒業。株式会社アカツキにて新規事業部の立ち上げに従事。２０１７年12月に個人的にInstagramアカウント『古着女子』を立ち上げ、２０１８年４月に初期投資０円の〝インスタ起業〟としてyutoriを創業。２０２０年７月、51％の株式譲渡によりＺＯＺＯグループへジョイン。２０２３年12月東京証券取引所グロース市場上場。

株式会社ＪＤＳＣ代表取締役社長

加藤エルテス聡志氏（ＡＩ・データサイエンス事業）

東京大学卒業後、マッキンゼー・アンド・カンパニー、米系メーカー等での経験を経て、２０１３年に一般社団法人日本データサイエンス研究所（Japan Data Science Consortium、現 株式会社ＪＤＳＣ）を創設、代表に就任。２０２１年２月に東京証券取引所マザーズ市場上場。２０２２年11月、株式会社ファイナンス・プロデュース取締役。２０２３年10月、メールカスタマーセンター株式会社取締役。

株式会社スペースマーケット代表取締役社長

重松大輔 氏（レンタルスペースマッチングプラットフォーム事業）

1976年千葉県生まれ。千葉東高校、早稲田大学法学部卒。2000年、東日本電信電話株式会社入社。主に法人営業企画、プロモーション等を担当。2006年、株式会社フォトクリエイトに参画。一貫して新規事業、広報、採用に従事。国内外企業とのアライアンス実績多数。2013年7月、同社にて東京証券取引所マザーズ上場を経験。2014年1月、株式会社スペースマーケットを創業。2016年1月、シェアリングエコノミーの普及と業界の健全な発展を目指すシェアリングエコノミー協会を設立し代表理事（現在、理事）に就任。

ナイル株式会社代表取締役社長

高橋飛翔 氏（ホリゾンタルDX、カーリース事業）

1985年生まれ。東京大学法学部卒。大学在学中にナイル株式会社（旧ヴォラーレ株式会社）を設立し、代表取締役社長に就任。2010年、SEOノウハウを強みにデジタルマーケティング事業（※現ホリゾンタルDX事業本部　DX&マーケティング事業）に参入。2012年、スマホアプリ情報メディア「Appliv」を中心とするメディアテクノロジー事業（※現ホリゾンタルDX事業本部 メディア&ソリューション事業）を開始。インターネットを活用した顧客企業のビジネス支援に取り組む。2018年に一般消費者向けにオンライン完結でマイカーのサブスク販売を行う「おトクにマイカー定額カルモくん」をリリース。２０２３年12月東京証券取引所グロース市場上場。

株式会社TWOSTONE&Sons代表取締役ＣＯＯ

高原克弥氏（エンジニアマッチング事業、他多数）

１９９１年生まれ。長野県出身。小学生よりプログラミングに触れｗｅｂサービスを複数運営。大学時代にスタートアップ３社でエンジニア・セールス・人事などを経験。大学在学中の２０１３年に株式会社Branding Engineer（現TWOSTONE&Sons）を創業し、代表取締役ＣＯＯに就任。ＩＴエンジニアファーストを掲げ、各種事業の立ち上げ等により成長を牽引。２０２０年東京証券取引所マザーズ市場上場。２０２３年６月にホールディングス体制に移行し、株式会社TWOSTONE&Sonsに社名変更。

株式会社クラウドワークス 元ＣＯＯ

成田修造氏（クラウドソーシングプラットフォーム事業）

14歳で父親が失踪し、その後、母親が脳出血で倒れ、破産する。そうした中で慶應義塾大学在学中よりアスタミューゼ株式会社に参画。その後、株式会社アトコレを設立し、代表取締役社長に就任。２０１２年より株式会社クラウドワークスに参画し、大学４年生で執行役員になり、創業わずか３年目で上場を果たす。上場後は取締役副社長兼ＣＯＯとして全事業を統括し、２０２２年には取締役執行役員兼ＣＩＮＯとして新規事業開発や投資に携わる。２０２３年、同社を退社後、複数の社外取締役などに就きながら起業など新たな挑戦を開始。

五十音順

第 1 部

事業領域の選定

事業領域の選定——総論

自社の能力は強力な制約条件

事業領域の選定において特に重要なのは、「自社の能力を正確に把握すること」である。自社の能力は強烈な制約条件となり、実行可能性のある事業は限定されたものとなる。現在の自社が持つ能力を前提に事業領域を考えた場合、選択できる進出領域はそれほど多くない。例えば食品メーカーが自社のデータを活用しソフトウェアの事業を短期間で立ち上げるというアイデアは、ソフトウェア事業を全く未経験の場合には実効性に乏しい戦略となる。

事業領域の選定にあたっては、自社の能力が活きる限定された領域を確実に攻略し続けるという考えで臨む必要がある。

新たな能力を多く必要とする領域、すなわち飛び地領域に向かうならば、相応の投資を覚悟した上で進出すべきだろう。どちらにせよ、**自社が保有する能力と進出したい領域との適切な距離は把握し、必要な時間と投資を認識しておく必要がある。**

能力の制約を踏まえず対象領域を考えることができるのは、創業前や一度キャリアをリセットしようとするとき、あえてゼロから考える際など、限られたタイミングにおいてしか発生しない。

初期的なインサイト発見と領域選定を同時に進める

事業領域の選定にあたっては、「検討している事業領域は相対的に良さそうであり、インサイトを探索する価値がある。しかしインサイトを発見できなければ探索はやめる」という切り替えが早い確率論的なアプローチで進める必要がある。

実業家らは調査を行う領域を決めている時点で、一定のインサイトを持っていることが多い。「インサイトに関しては全く見当がつかないが調査を行う」というのは危険である。数ヶ月かけて調査・検討をしたが、妥当な戦略が策定できず実行には至らない、という結論になる可能性が高い。むしろ「インサイトを発見したから自社の対象領域と定め事業機会を探索した」というアプローチのほうが現実的であろう。

インサイトの発見と領域選定のどちらを先に行えばいいのか、という疑問が湧くかもしれないが、現実としては初期的なインサイトの発見と領域選定は混ざりあったプロセスになる。インサイト発見→領域選定、領域選定→インサイト発見のようにプロセスがきれいに分けられることはあまりない。

インサイトはないにもかかわらず領域選定をしてしまうトップダウン型アプローチでは明確な参入戦略を描けないリスクが高くなる。例えば経営陣から「とりあえずヘルスケア」などといった指示が先にある場合だ。インサイトがないが参入戦略を描かなければならない状態になり、自社の能力を活用した戦略を描けず参入が進まないという状況は珍しくない。

一方で、ボトムアップだけではインサイトを発見しても投資について説得をすることが難しくなる。社内で認識されていなかった新領域への進出を個人が述べても「なぜ自社がそれをやるのか」という合意形成を図ることが難しい。

領域を絞り込む効果

領域を絞り込むことによって多くの効果を得ることができる。主には次の3つに集約される。

1　合意形成の高速化

事業を検討する度に、自社の能力を整理してから俯瞰的に対象市場の情報を整理し、参入対象領域をゼロから議論する必要はない。対象領域が特定されていれば、すでに土台となる情報および合意形成は一定の段階までできている状況である。複数のインサイトを発見できていれば、参入を進めることができる。「自社がなぜそこへ行くべきなのか」という議論を毎回する必要はないのだ。

2　ボトムアップのインサイト発見

領域を選定する人物とインサイトを発見する人物は、必ずしも同一である必要はない。インサイトを発見するには時間をかけて顧客や先行者らと対話する必要があり、特に大企業経営陣がその役割を担うことは現実的ではない。

自社が進出を目指す領域を明示すれば、ボトムアップからのインサイト発見を期待することができる。

3　経営資源の共有

狙う事業領域が同一であるなら、異なる事業の間で共有できる経営資源（情報、技術、顧客など）は大量にある。たとえその事業が失敗したとしても、そこで獲得した多くの資源や能力はあとに残る。

自社能力の把握

自社の能力とは、「現在自社が利益を得ることができている理由」そのものである。あなたの会社、あるいはあなたの会社の商品は、何が相対的に優位であるとして他社よりも選ばれているのだろうか。あなたの組織や事業はどの能力に優位性があるとして顧客から選ばれ利益を得ることができているのだろうか。

本書では特に、

□ マーケティング
□ 営業
□ 企画
□ 製造・サービス提供
□ マネジメント

という能力に注目する。

自社の能力を正確に把握していなければ、検討対象領域にいる競合と衝突した際に勝つことはできない。頭の中で競合との競争をシミュレートできなければ、成長戦略を描くことはできない。

日常的な能力拡大

新規事業を成功させるには多くの能力獲得が必要になる。

長い間、既存の顧客に既存の商材だけを売っている会社が、突然新たな顧客層を開拓し新たな商材を売って成功するなどということはできないのだ。能力獲得を習慣化させている必要がある。

新規事業を成功させるためのみならず、既存事業の競争力を保つためにも新たな能力を獲得するというのは日常的な行為であるべきだ。

自社が対象とできる事業領域

自社が対象とする領域は企業によって様々な粒度のものが存在し、また状況により変化し続ける。本書で挙げる実業家らの例では「英語教育」「Z世代に売れる商品」「webマーケティング能力が活用できる高額商品」など、事業領域を絞り込む際に立てられた軸も多様である。

企業があらゆる領域で能力を発揮することはできないし、またその必要もない。流行に左右されることなく「自社の能力が発揮できる範囲」の領域で、環境への適応を続け、競争力を発揮し続けるべきだ。

有望領域との出会い方

実業家らの事業領域の選定プロセスを見てみると、創業時はその多くが個人の経験に根ざしており、企業の成熟に伴って自社の能力を中心とした展開をしていることがわかる。そのときの領域発見方法は、偶発的なプロセスを多く含んでいる。新領域へ展開するには常に幅広い情報網から正確かつ鮮度の良い情報を仕入れ続け、インサイトの発見に努める必要がある。

飛び地への進出

自社の能力を十分活用できる近傍領域への展開が基本ではあるが、あえて自社の能力が十分に発揮されない領域への進出を目指すことがあってもよい。特に自社事業が危機に瀕している状態や、非常に魅力的な領域が発見された場合、このような飛び地への進出を目指すのは妥当である。

ただしその時点では、自社の競争力が弱いことを十分認識した上で、**「時間やコストをかけてでも進出を実現する」**という強い意思と共になくてはならない。その時点では持っている自社の能力が機能しないため、短期的には競争力を持ちづらいことは明白だ。自社での能力獲得やM＆Aなどの投資を行いながら能力を獲得し、競争力を向上させることが求められる。

新領域への段階的参入アプローチ

繰り返しだが、新しい能力が要求されるような新領域へ進出する場合、競争力が低いことを明確に認識する必要がある。このような進出を行うときは「能力獲得」と「事業拡大」の段階を分けるべきだ。

初期段階では拡大を目指さず、リスクを最小限に抑えながら対象領域について学ぶ下積み段階と位置づける。この段階ではまず売上を作り、実務を経験することを重視すべきだ。明確な独自性を追求しようとしても、能力も情報も持たない企業がそれを最初から持つことは難しい。**売る商品は少々の特徴がある普通の商品で構わない。実務を経験しなければ能力も、成長戦略を描くための情報も獲得**

することはできないからだ。 yutoriがZ世代向けの古着に特化したInstagramアカウントを通じ他社のブランドを仕入れて販売するというモデルから、徐々に自社ブランドという独自性を発揮しやすいモデルに移行していったことは、これを示す好例だろう。

対象領域の評価

本書では、自社の能力が活きる領域へ連続的に進出するという方法を重視している。一方で、進出した領域で長く事業を行うにはマクロ構造的な要因も重要であることは言うまでもない。自社が望むような市場規模が期待でき、自社が新規参入する余地を生む構造変化がある領域を有望と考える。

構造変化が生む機会

対象領域内におけるシェアは高いほうがよく、企業は通常事業機会の独占を目指す。それなのになぜ、企業は新規参入者の出現を許してしまうのだろう。その領域で長く事業を行っている企業なら、顧客の声を十分に聞ける状態にあり、顧客感情の理解も新規参入者たちよりもしやすいはずである。当然、資本や知見も持っている。

しかし、実のところ人間が集まった組織というものが、顧客の求めるものに対して忠実であり続けることは非常に難しい。顧客が求めるものに忠実であることは、社員に対して多大なストレスを強いることになってしまうからだ。戦略の変更に伴うストレスが大きければ、その企業に所属し続ける強力な理由（金銭、働きやすさなどなんでもいい）がない限り社員は離反していき、既存の顧客との距離も離れていく。

自社が常に環境へ適応し続けたいなら、新たな能力を持った人間の採用、従来と異なる評価体系の構築、従来と異なる価値を重視する文化形成などが必要になり、組織が大きければ大きいほどこれらをすぐに実現するのは難しい。大きな変動があるならば企業は高い確率で苦境を強いられ、ストレスの高い変革を要求されて変化が遅れる。逆に、新規参入者にはこれが機会となる。新規参入者は対象領域の構造変化を戦略的に狙うべきだ。

M&A・出資・自社事業による進出

新領域への展開を目的とするなら、自社内から新規事業を生むアプローチのみではなく、M＆Aやマイノリティ出資を活用することもできる。特に時間を短縮し、不確実性を減少させる方法として、これらの手段は常に有力なオプションである。出資から得られるものはM＆Aとは異なるが、幅広い情報収集手段として有効に機能させることができる。

新規事業創出において重要なプロセスは、①事業領域の選定②インサイトの発見③事業の立ち上げの3つだ。新規事業の成否は様々な要因に左右されるが、この3つのプロセスを理解した上で戦略的に実行された事業の成功確率は高くなると確信している。第1部では、検討対象とする事業領域をどのように絞り込めばいいかを解説していこう。

第1章

進出する事業領域の選び方

それぞれに特徴があるものの、実業家たちは次の4つのルートから事業領域の選定を開始している。

1 儲かっている先行者の情報から始める
2 情熱を持てるものから始める
3 構造変化から始める
4 実務を通じたインサイトから始める

まず、例に挙げる実業家たちがどのように事業領域を選定していったかをまとめた上で、それぞれのルートについて見ていくことにしよう。

1 実業家たちの事業領域選定

TWOSTONE&Sons　**高原氏**（エンジニアマッチング事業）

登録者4万人超え（2024年現在）のフリーランスエンジニアマッチング事業を運営するTWOSTONE&Sonsの高原氏は当初、受託開発から事業を開始した。根底には、日本におけるエンジニアの価値を高めたいという思いがあった。

当時は学生起業であり資本も少なかったことから、そもそも取り組める領域はメディア、人材、受託などに限られており、その中でも少ない元手で資金を蓄えられる受託開発を選定した。受託により資金を蓄え、自社サービスにつなげる計画であったものの、受託を伸ばすためにはエンジニアの採用と営業のバランスを取りながら成長させる必要があり、成長速度が遅いことを課題に感じていた。

一方で、隣接する領域のSES（エンジニア派遣）事業において、構造的な理由で準委任契約（エンジニアが一定の業務を遂行することを約束するが、具体的な成果物の納品を求められない契約形態）である「フリーランスエンジニアマッチング事業」が成長することを見抜いていた。この領域であれば自社のマーケティング能力を活用すれば参入できる可能性があると感じ、参入を模索することにした。

ナイル　高橋氏（カーリース事業）

高橋氏はマーケティング支援やＤＸ支援という既存の事業に加えて、上場後の成長に資するビジネスを模索していた。新規事業の条件として設定していたのは、「自社のマーケティングに関する能力で勝てること」と「競合であるマーケティング企業がまだ目をつけていない大きな産業であること」だった。この条件を満たす領域を模索する過程で、「自動車」というテーマを発見した。

調査を通じて注目したのは、自動車を購入する人たちの来店回数が大きく減っているという消費者行動の変化である。これはインターネットで事前に情報を調べ、購入の意思決定をしてから店舗を訪れる消費者が増えたことを意味していた。この変化を捉え、自社のマーケティング能力を活用した参入を本格的に模索することにした。

yutori　片石氏（アパレルブランド事業）

片石氏は15歳から古着カルチャーに浸かる生活をしており、アパレルに興味を持つのは必然であった。副業として開始したInstagramアカウントが成長し、顧客インサイトを得始めた。また大手アパレルが構造的にできない方法を発見することで自社のポジションを見出していった。

プログリット　岡田氏（英語学習事業）

起業を前提に、いくつかのビジネスを模索していた。競合云々ではなく、**「自分であれば長期間情熱を持って取り組み続けられることは何か」**を考え、英語という領域に至った。様々な英語学習系のサービスに自らが触れており、その過程で苦労した経験もあったためインサイトは得やすい状態だった。パーソナルコーチング型のサービスコンセプトの発案には時間がかからず、早いスピードでサービス発売に至った。

スペースマーケット　重松氏（レンタルスペースマッチングプラットフォーム事業）

事業に取り組む前から大口の契約を小口化して販売するモデルの収益性の高さに注目していた。またスペースマーケットを創業した２０１４年当時、メルカリなどのテクノロジーを活用したプラットフォームが活況であり、これも事業を構想する一因となった。１００近いアイデアを検討した中で、最も有望であろうと考えたレンタルスペースマッチングプラットフォームに取り組むこととなった。

本章の冒頭（P.27）で記した通り、進出すべき領域に注目するきっかけには、

①儲かっている先行者の情報
②情熱を持てるもの

③構造変化

④実務を通じたインサイト

という４つのルートがある。このどれかをきっかけに事業領域に注目し、その後、他の観点を把握していくという流れだ。実業家らの例も複数の方法が組み合わさっている。

また、顧客や先行者からの一次情報は持っていなくても、ある領域に注目して調査を行う時点で「こうすれば勝てるのではないか？」という初期的なインサイトを持っている状態であることにも注目だ。

2 儲かっている先行者の情報から始める

非常に多く見られ、かつ実用的なアプローチは**「儲かっている事例を聞き、自社でもなんらかの類似事業に取り組めないかと考える」**ことである。**本書では実業家が使う言葉のニュアンスを直接的に表現するため「儲かる」という言葉をあえて頻繁に用いる。**

その企業の内情を把握し、「自社の能力を活用して追撃を行い、勝てる見込みがあれば参入する」という考えで新規事業を次々と立ち上げているのが、フリーのエンジニアと企業のマッチング事業を行うTWOSTONE&Sonsである。彼らは対象領域内において先行者となる企業を知っていた。領域の先行者というのは、例えば人材ではレバレジーズ社、メディアでは当時成長していたメディア会社であったK社(上場企業へ売却済み)、不動産ではGAテクノロジーズ社、M&A仲介では後発ながら高シェアを持つまでに成長したあるM&A仲介会社などである。**対象領域において明確に「儲かっている会社」に注目し、それをマーケティングとエンジニアリングといった自社の強みを活かして追撃して追い越す、という考えを基本としているのだ。**

実業家らと「なぜそのビジネスを始めたのか」という話をしていると**「儲かっている会社の話を聞いてみるとあまり大したことなさそうでした。自分達でもできると思いました。特に我々は営業が強いので、あの会社には十分勝てるのではないかと思ったのです」と返ってくることが非常に多い。**いかに先行者から学ぶことを重視しているかがわかるだろう。

先行者から学べるものは全て学ぶ

なぜ実業家らは先行者の情報収集を重視するのだろうか。それは**自社でゼロからサービスを考え、実験し、継続的に売れる商品を発見することは非常にコストが高く、不確実であり、時間もかかるからである。この膨大な実験結果を無料で教えてくれるのが、すでに自社が参入したい領域で事業を行っている先行者である。**

本書では自社が進出を検討している領域ですでに事業を行っている事業者のことを先行者と呼ぶ。この先行者が見当たらない（ヒントをくれる会社がない）状況を筆者は一度も経験したことがない。先行者はたくさんいる。そして儲かっている先行者はその領域で大量の「正解」（何をすれば儲かるのか）を発見している。逆に儲かっていなければ「不正解」であることを示している。先行者は儲かっている・いないにかかわらず、最高の情報源として活用できる。先行者の情報を持たず戦略を組み立てるのは、実験をしない理論のみの研究のようなものだ。実験事実がなければどうやって自分の理論が正しいことを証明できるのだろうか。

過去にゲームメディア事業に参入したものの、方針転換を余儀なくされた経験を持つナイルの高橋氏は、後発者の参入は「模倣」から始めるべきだと考えている。高橋氏が参入した当時のゲームメディアは、ソーシャルゲームの成長とともにそれらゲームの攻略情報を発信するGameWith社など関連企業が大きく成長し、上場も実現した。

しかし、ナイルは成功している先行者らが「モンスト」のような大ヒットタイトルの攻略コンテンツに注力していったのに対して、独自性を追求し、先行して成長しているゲームメディアとは異なるコンセプトで参入してしまったのだ(ファミ通のような高品質コンテンツをメディアの中心にしてしまった)。

高橋氏は当時を振り返り「先行する企業の模倣の過程で、自社の強みを活かしていく方向性を検討するべきであった」と語る。先行者が苦労しながら実験を繰り返し、ユーザーが求めるコンテンツという「正解」を無料で教えてくれるのに、それを無視する必要はない。

「すでに似たようなものがあるから後発に参入の余地はない」という議論はあまりに雑である。実業家らは「あの会社は儲かっている。しかし欠点もたくさんあり、重要な要素であるこれができていない。自社ならある面ではもっとうまくやれる」と考えて参入戦略を策定する。

独自性を発揮するには「先行者ができていないが顧客は強く求めているもの」を自社ができる必要があるが、参入当初は「顧客が強く求めているもの」をよくわかっていないのだ。ある程度強く求められていることが証明されているコンセプトを十分に踏襲するべきである。

後発が先発を追い越したり、対象顧客層を分けることで利益を確保したりする事例は全く珍しくない。GoogleやAmazonを含む世界最大手になっている多くのサービスも後発である。ビジネスの発明者はビジネスでの覇者とは多くの場合で異なっている。

後発であれば先行者が支払った実験のコストを支払う必要はなく、効率的な追撃のみに専念できる。必要なのは常に正確で鮮度が高い先行者の情報を仕入れ続け、インサイトを発見し参入戦略を作っていくことだ。「誰も見たことがない画期的なイノベーション」を参入戦略の必須要素とする必要はない。

疑わしい先行者優位

よく言われる「先行優位性」とは何だろうか。例えばMicrosoftがＯＳのシェアを持っている、飲食大手が良い立地を確保している、新規発行が難しい免許を取得している。このようなものは先行優位性の一種として評価できる。

一方で先行している企業が後発から激しく追撃され、シェアを逆転されることは珍しくない。例えばＭ＆Ａ仲介を考えてみよう。Ｍ＆Ａキャピタルパートナーズやストライクといった企業が特に２０１２年頃から大きく成長し、スタートアップ関係者らはその利益率および株価に驚嘆した。スタートアップには自社の売却を通じＭ＆Ａに携わった経験を持つ層も多くいた。

自分にも一定の知見があり、かつ驚異的な株価を狙うことができるのではないかと、この領域に多くのプレイヤーが参入を開始した。外部から単純に見ると「売り手と買い手のネットワークが売り物となるＭ＆Ａ仲介に後発から入ると厳しい戦いになるのではないか」と思える。しかし後発でも成長企業は数多く登場したのである。これはなぜだろうか。

Ｍ＆Ａ仲介の場合は、ＳＮＳのようなネットワークと異なり、買い手・売り手ともに人が介在する営業が必要となる。そうするとＭ＆Ａ仲介会社は営業の人員が強烈な制約条件として働き、確保することができるシェアがどうしても一部に限られる。そのため営業人員を囲い込まない限り、特定の企業が高いシェアを独占できないのである。Ｍ＆Ａ仲介という事業は、特定の事業者がシェアを独占できる構造にはなく、必然的に一定程度は分散するようになっているのだ。これはコンサルティングビジネスとも近い構造である。

さらに、先行者は「効率的に手数料を稼げる案件」に注力する運命にある。例えば専任契約やリテイナーフィー（成約しなくても支払われる月額）が取れる案件である。営業に対する報酬体系もこのような契約獲得を行う目的で作られていくため、専任契約ではない案件は非優先案件となり、専任契約を取れない営業は冷遇される。つまり効率的に稼げない案件は捨てられるのだ。これが新規参入者たちにとっての参入機会となる。

効率的に儲けることができない案件であっても、ビジネスを成立させられることがわかれば、一点突破の営業とマーケティングで参入できる。「この一点からシェアを獲得し、追撃し追い越す」という考えに基づき、TWOSTONE&SonsはM＆A仲介業界に参入し、株式会社M＆A承継機構を立ち上げた。必要な能力はキーパーソン採用を通じ獲得した。

先行優位性が発揮される例

一方で、先行優位性が機能しやすいビジネスにおける追撃戦の事例をフリマアプリを例に見てみよう。記憶に新しいものには、先行するフリルをメルカリが追撃した例がある。

フリマアプリはM＆A仲介とは異なり、1社が独占的に成功しやすい構造にある。そのため事業者には「顧客属性の棲み分けでシェアをとる」など悠長なことを言っている暇はない。成功のためにはその1つの席を巡り全力で追撃しなければならない。

ビジネスモデルもUIも類似であれば、最後は物量戦になる。つまり資金と人材を調達し、高速で体制を組み上げ、効率的に資源を使いこなすことができたプレイヤーが勝つことになる。

フリル創業者である堀井氏が、メルカリ現取締役である小泉氏にインタビューをした面白い記事がある。この記事を見ると、「いかに投入する資金と人材で勝つか」ということに、代表である小泉氏が焦点を当てていたのかがわかる。顧客属性で棲み分けることが難しく、市場規模が大きなビジネスに参入する際は、物量戦を戦い抜く覚悟が必要だ。

プラットフォーム系のビジネスは熾烈な物量戦を勝ち抜いたプレイヤーが独占的な立場を獲得するため、後発が追撃することが非常に困難である場合が多い。

PayPayのような決済プラットフォームも物量戦の好例であった。ここで当時のソフトバンクCEO宮内謙氏のPayPayに関するインタビュー記事を引用しよう。

Q．競合も多いですが、PayPayはどうやって勝ち抜いていきますか。
A．簡単な話です。金をつぎ込むだけです(笑)。

ここでなんらかの特殊な技術や他の事業とのシナジーのような逃げの回答をせず、正面から戦い抜く覚悟を示していることは実に素晴らしい。正面から戦う覚悟をせず、「棲み分け」「特許」「他事業部とのシナジー」のような顧客視点からは不必要な要素を並べる戦略は、甘えが出てしまっている可能性が高い。戦い抜く覚悟はどのようなビジネスでも必要だ。戦略は戦いを有利に進めるには必要だが、いくら頭で考えたとしても、努力をせず、簡単に大勝利を収められる戦略は基本的にはない。正面衝突を避けようとすれば極めて小さな市場を対象とせざるを得ない。大規模な市場であり、自社の強みがあるから楽に勝てる戦略が発見できるという前提は危険な考えである。

Uberのようなモビリティプラットフォームも同様だ。世界中で激しい物量戦が繰り広げられ、それを生き抜いたプレイヤーのみが生き残った。**大規模な投資をできる見込みがそもそもないのであれば、物量戦になるビジネスに参入するべきではない。**第3部で取り上げるI氏もこのような考えで物量戦になる事業は避けた。

3 情熱を持てるものから始める

一見楽しそうに見えるが、生半可な情熱では通用しない方法が「情熱」から始めることである。アパレルＤ２Ｃのyutoriの片石氏は15歳から古着カルチャーに浸かっており、アパレルに関するビジネスに取り組むのは自然なことであった。

「好き」をビジネスにする際の注意

筆者はよく「好きなものをビジネスにしたい」と相談されると「まず顧客と競合を見よう」と推奨している。

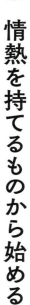

以下の問いに答えられるだろうか。

□顧客はあなたが提供したいと思っているサービス・商品に**十分な対価を払うか？**
□あなた以外にもそのサービス・商品を好きな人はいる。その人たちより長期間、高い情熱で取り組み続け、**格段に良いと思えるサービス・商品を提供できるか？**

これに対して「他社が何をやっているかは調べていないし、どうやったら対価をもらえるかは想像できない。他社よりも優れたものを作れる自信が明確にあるわけではない」のであれば、ビジネスとして検討する遥か手前にいることを認識する必要がある。筆者自身、好きな趣味は多いが、競争が過剰になる傾向があるため、趣味をビジネスにしようとはほとんど思わない。趣味であれば、趣味と割り切ったほうがよいだろう。

先行者を調べてみて、NPOや地主が趣味で行っているような事業（カフェに代表される）が多いようであれば収益性に乏しい可能性が高い。構造的な収益性の限界を突破するには「好き」だけが根拠では心もとない。

「他人にとっては面白くなさそうだが、自分にとっては大変面白いテーマ」を見つけるのが理想だ。筆者自身が経験した事業では「カスタマーサポート・BPO」がそれに該当する。カスタマーサポート・BPOを趣味としている人はあまりいないだろう。ただ、カスタマーサポート・BPOの市場規模は比較的大きく、筆者にとっても技術活用という観点で興味深いテーマであったため「好き」と考えることができた。

競合よりも長期間やり抜く覚悟が必要

様々な事業を検討したプログリットの岡田氏が最終的に事業領域として選んだのは、「英語教育」であった。岡田氏は過去に英語に対して苦手意識を持っていたが、英語学習に励んだ結果英語力が上達して人生が変わったという経験を持っていたため、このテーマであれば**「自分は競合企業よりも長期間熱意を持ってやり抜ける」という自信を持つことができた**という。

最終的には「長期間情熱的にやり抜ける」ことが持続的な優位性の源泉となる。特に英語教育やアパレルのようなコンテンツがぶつかり合うビジネス（以下アパレル、ゲームなどスペックで比較されるよりも特定のブランド・商品が持つコンテンツが重要な競争力となるビジネスをコンテンツ系ビジネスと呼ぶ）では細部まで情熱とこだわりを持ち続けられるか否かが業績を大きく左右する。yutoriの片石氏は過去撤退になってしまったブランドについて「ブランドプロデューサーが細部までこだわってクオリティを追求できなかったから」だと振り返る。

特にコンテンツ系のビジネスにおいて細部のこだわりに欠けるサービス・商品は、より強いこだわりを持った競合に負けるのが必然だ。これはスクール、アパレル・アクセサリー、音楽、イベントのように、体験の良し悪しが事業の成否そのものになるビジネスにおいては決定的である。

情熱を持てない領域へ参入した事例

逆の例を挙げると、TWOSTONE&Sonsの高原氏が参入した高齢者旅行事業がある。これは先述の受託事業と同じく、自社サービスを立ち上げるための資金集めを目的に考えた事業である。高原氏は「高齢者が増えるなら彼らに向けたビジネスをやるべきだ」というシンプルな考えのもと、高齢者に特化したバスツアー事業に参入することにした。事業立ち上げ時は主にチラシなどを使って集客し、一定の成果を得られた。

しかし最終的には、このビジネスを自分たちはやり続けられないと判断したのだ。

高齢者に特化した旅行事業は長期にわたり努力するからこそ、安定した顧客基盤が確立でき、利益を上げ続けられるものだった。裏を返せば短期的に取り組んでもあまり儲からない。

このような事業に必要なのは「情熱」である。長期間、情熱を注ぎ続けることが成功の条件となるが、それほどの情熱を自分たちは持ち続けられるだろうか？　高原氏はこの問いについて真剣に考え、最終的に撤退という判断を下した。

安定した需要がある事業は、継続すれば能力と顧客基盤の両面が強化されていくが、長期間情熱を注ぎ続けられるかどうかが必須条件なのだ。

ヒット＆アウェイ系の参入例と限界

もし、対象とする事業が参入直後から儲かるような状態になれるのであれば、「儲かる」というモチベーションだけを武器に戦うこともできる。参入直後から儲かる場合、それはその時点で持っている能力でその事業を運営できるということである。筆者もこのような事例は多く知っている。

例えばオンラインスクール事業がある。この事業が儲かると聞いて、広告運用に長けていた人が講師と組んで参入したという例が２０２３～２０２４年には多く見られた。テーマとしては占いスクールからキャリアスクールまで実に様々である。「あれ儲かるよ」という話を聞いて即実行し、３ヶ月後には月粗利１０００万円に至るような事例は、広告や高額無形商材関係ではそれほど珍しくない。

もちろん、即立ち上げ可能である事業は、誰にとっても参入が極めて容易であることを意味する。そして多くの場合、参入した実業家らもこの事業を長期間続けようとはあまり考えていない。だから儲からなくなればすぐに撤退し、他の事業に注力するという機動的な切り替えを行う「ヒット＆アウェイ」を繰り返す。

このような事業は年間利益では数億円程度が上限値となることが多い（大手オンラインキャリアスクールの売上はピーク時では25億円程まで到達していた）。より大規模な事業を志す場合はいずれにせよ、長期間の情熱が必要になる。

情熱を武器に未成熟市場で戦ったアカツキの事例

市場が未成熟であれば、明確な競争力を持っている企業は少ない。このような未成熟な領域において競争力に差がつく要因は、創業者らの「情熱」である。

たしかな強みを持った状態でないにもかかわらず、大きな成長を実現できたアカツキのスマホゲーム事業を見てみよう。

アカツキ共同創業者の塩田元規氏はＤｅＮＡ出身であったものの、経験していたのは広告営業であり、ゲームに関しては完全な素人だった。共同創業者である香田哲朗氏も当時はコンサル大手のアクセンチュアでエンジニアをしていたため、やはりゲームに関しては塩田氏同様に素人だった。

企業の成功に「強み」が必要であると解釈するならば、アカツキの成功の要因はどう考えればいいのだろうか。

これは**スマホゲーム市場が勃興する「不確実性が高く、競合が比較的弱いタイミング」で参入し、情熱を原動力とし高速で能力を作り上げていくことができたからだと考えられる。**創業者らが持っていたエンタテインメントとビジネスに対する情熱は成功の大きな原動力となったのである。このような「未成熟事業への参入タイミング」と「熱意」という2点で、特別な強みを持たないプレイヤーが成功した例は、他にも民泊などがある。

近年成立した市場においてリーダーとなったのは明確な「強み」を持たない学生起業家などであった。市場の発見は偶発性が高く、戦略的に狙うことは難しいが、現時点で自分に競争力はないが今後急成長したいと考えるなら、勃興する市場を発見し、高速で能力の獲得を進めるべきだろう。

情熱だけで追撃できるわけではない

逆に成熟した市場に対して「情熱」だけで大きな突破を図れると考えるのは楽観的である。例えば2024年時点のスマホゲーム市場に、情熱「だけ」を持った完全な素人が参入するとどうなるだろうか。年齢や性別国籍などを問わず誰でもプレイできるハイパーカジュアルゲームのようなゲームで成功を収める可能性はゼロではないが、アカツキのように成功できるかといえば、その難易度は過去よりも格段に高くなっていると考えるべきだろう。

情熱が事業の成功に重要な要因であることは間違いないが、必要条件であって必要十分条件ではない。

競争戦略を無視し、情熱のみで勝ち抜けると考えた企業の多くは撤退・閉鎖に追い込まれた。市場の成熟に伴い競合は能力を獲得し、高いモチベーションを持った人を集めていく。情熱を持っているのは自分たちだけではないのだ。

4 構造変化から始める

現在カーリースサービス事業で成功したナイルの高橋氏だが、この業界への参入当時は自身は車も持っておらず、儲かっている先行者を知っていたわけでもなかった。それでもなぜ、マーケティング支援・DX支援事業がメインである彼の組織がカーリース事業を始められたのだろうか。これは高橋氏が**進出するべき新領域をリサーチし、市場の構造変化を発見したためである。**

構造変化の発見

高橋氏が新領域を探すにあたってまず考えたのは、他のマーケティング支援企業がまだ目をつけていない大きな市場に参入することだった。当時、同業他社は不動産（家を売りたい顧客が不動産屋に送客するメディアなど）に参入する会社が増えていたが、車には未参入だった。

リサーチしてみると、かつては車を購入する際にwebで調べてからディーラーに行く人はそこまで多くなかったが、現在は事前にwebで入念に検討し、ディーラーに行くのは確認と契約のための1回だけという人が増えていた。ディーラーへの来店回数が激減し、webの重要性が上昇していたのだ。これは車という巨大市場における構造変化であると高橋氏は気付いたのである。

変化は機会を生む

ここで特に注目したいのは**「構造変化」**である。他社が目をつけていない巨大市場を発見したとしても、自社が参入できる保証は全くない。変化がなければ隙間はない。

参入の隙間は顧客の需要とサービスを提供する企業の間に生まれる。変化が大きい領域では参入に値する隙間が発生しやすく、変化が少ない市場ではこのような隙間は生まれにくい。

ナイルの例で考えると、顧客は「オンラインで完結するカーリースサービス」を求めているが、「オンラインで完結するカーリースを提供するサービス供給者が少ない」という大きな隙間があった。

また当時の車業界におけるサービス供給者の多くはマーケティング事業者ではなく、金融業者や自動車会社であり、マーケティングの能力は未熟であった。この大きな隙間が閉じるには多くの時間を必要とした。サービス供給者たちは、「オンラインで完結するカーリースサービス」という需要を把握していても、その需要に応える能力が欠如していたため、隙間は放置されていたのだ。

なぜこのような隙間が発生するのだろうか。先行しているサービス供給者は、顧客の需要に合わせ自社を変化させて隙間を埋め、新規参入を許さないようにはできないのだろうか。これをするには顧客が求めるものの変化、すなわち構造変化に合わせて自分たちも新しい事業を作り変化していかなければならない。それができずに大きな隙間の発生を許してしまうのは、顧客・競争環境側の変化が企業の変化よりも早いスピードで発生したからである。

顧客・競争環境側が変化し、オンライン完結のカーリース需要が急増したからといって、マーケティングを外注していたようなリース事業者が自社でマーケティング部署を立ち上げ、競争力を発揮するまでに何年かかるだろうか？　そもそものような大胆な意思決定を行い、全く異なる文化を持つマーケティング系の社員を採用することはできただろうか。

新規参入をする際に、競合となる企業内部でどのような議論がなされているかを想像できるとよいだろう。車業界を例に挙げれば、オンラインで完結するカーリースの需要が増加していること自体は、ほとんどの先行者は察知している。知ってはいるがその需要を捉えられていない理由は、多くの人が関わるようになると組織は基本的に硬直してしまうからだ。例えば人事制度を毎年、ビジネスモデルに合わせて変更するということは現実的にはできないだろう。

一点突破し獲得した能力を用いて拡大を続ける

構造変化による一点の隙間を発見し、ここを突破して参入した野心的な企業が、やがて事業領域を拡大し、旧来企業が主力と考えていた事業を圧迫できるまでの能力を持つことになる。

参入当初はInstagramを活用したＥＣでの販売が中心であったyutoriだが、現在ではリアル店舗の事業を拡大させている。オンライン完結のプレイヤーに留まらず、オフラインでのアパレル販売という大きな市場に参入できている。

ナイルも自動車という巨大な市場における能力を獲得している状態にある。

新規参入者の基本的な戦略は、「比較的小規模であるが急増しており、先行者がまだ捉えきれていないという需要を捉えて一点突破する。その後そこで培った能力を武器に、既存の事業者が本丸と捉

えている市場に参入する」ことである。一手目の突破を成功させることは野心的な企業にとっては次の本丸への足がかりとして機能する。

5 実務を通じたインサイトから始める

すでに事業を行っている会社であれば、**事業を通じて獲得したインサイトから新領域を発見することが新領域進出の基本である。**会社に勤務をしている個人が、日々の業務から発見したインサイト起点で新領域と出会って起業する例も多い。

実務から得たインサイトが新領域進出の基本

ネット印刷で有名なラクスルの創業者である松本恭攝氏は、コンサルタントとしてコストカットプロジェクトに取り組む中で印刷費の削減ポテンシャルが高いことを発見し、「印刷」の領域に注目した。

M&A総合研究所の佐上峻作氏は自身の会社をベクトルグループに売却後、10回以上のM&Aを経験する中でこの業界の効率の悪さに注目。後発でも十分追撃できることを感じ、M&A業界で創業した。

yutoriの片石氏は古着をテーマとしたInstagram運用から参入し、他社ブランドの仕入れ販売から自社ブランド製造と、各段階で得たインサイトを活用し、連続的に事業を展開していった。

このように実務に取り組む過程で気付いたインサイト起点で創業している例は非常に多い。この方法で参入を進める実業家たちは領域を選定してからインサイトを発見するのではなく、インサイトを発見した後に「この領域はどのような環境なのか」とマクロ環境を把握している。

本書では便宜的に第1部「事業領域の選定」、第2部「インサイトの発見」としているが、「事業領域の選定」より先に「インサイトの発見」があっても構わない。

事業リーダーにインサイトが全くない状態であるにもかかわらず、トップダウンで特定の領域を攻略せよ、という指示を出してもインサイトを発見できる保証はない。逆にボトムアップのインサイト発見だけでは経営陣に対して新領域への投資を促しても「なんで自社がそれをやるべきなのかわからない」という哲学的な問答を繰り返すことになる。

加えて、ボトムアップ的に事業の選定を行おうとすると、社員側が「好き」の延長にある領域への参入計画を描こうとしてしまうケースが多い。経営陣が関心を持っていない領域に対して参入を進めることは経営戦略上妥当でもない（ビジネスコンテストのような形式で新領域への進出を行おうとすると、このような案に偏る傾向がある）。特にその事業領域が自社にとって新領域である場合、参入戦略自体も穴だらけになることがほとんどだ。

ではどうすればいいのか。

まずは経営陣が攻めたい領域を複数示す。その中でインサイトを発見できれば参入を進めるというアプローチが現実的だ。これを実現するには経営陣と事業リーダー間で公式な会議のみならず、事業領域に関して議論をするという非公式な場が必要だろう。

マクロ環境の把握と競争戦略としてのインサイト活用

戦略の根幹はインサイトにあるので、マクロ環境を把握していなくても成功したという例は数多くある。ただしマクロ環境を把握していたほうが適切な戦略を打ち出しやすい。

「顧客と話している中でインサイトを発見し、調査もしなかったが、商品を作ってみたら売れた」というストーリーは格好いいものだが、このような武勇伝は後から創作されていることも多い。TikTokの原型となったアプリであるミュージカリーも武勇伝を後から創作した事例だ（詳細は第2部第2章インサイトの活用）。とにかく、調査はそれほど手間がかかるものでもないので行うことを推奨する。

また、実務を通じたインサイトから始めることは競争戦略上も妥当である。**なぜなら実務に関わっていない他社はインサイトを得ることすら難しいため、参入に至らず競争が相対的に発生しづらいからだ。**これは後述する金融系事業者の事例で見ることができる。インサイトを得ることができないと製品開発を進めることが難しく、表面的な模倣品を作ったとしても競争力は低いままである。逆に日常生活からも気付いてしまう課題に取り組むというのは、多くの参入が発生する競争が熾烈な市場であることも多い。

ただ競合が本気で模倣事業の立ち上げに挑んでくる場合、模倣品の販売を通じてインサイトを発見し、後に強い競合に成長することもあるので甘く見るべきではない。後述するTikTok事例で、どのようにして後発の模倣品が最大手になることができたのかという過程を説明する。

第2章 自社の能力を踏まえた領域検討

会社ごとに保有する能力は大きく異なり、それらの能力は強力な制約条件として捉える必要がある。自社の能力から離れれば離れるほど、新規採用や能力獲得のためには投資が必要だ。

経営陣は現在持っている能力と、競争に勝つために必要とされる能力の間の距離を正しく認識することが求められる。そうでなければ、新たな能力が多数必要とされる事業であるにもかかわらず、少ない投資で遂行しようと試みて失敗する。「流行しているから」という理由で、データビジネス、ＳaaＳ、Ｄ２Ｃなどに多くの企業が参入したものの尽く失敗したのは、参入数が市場規模に対して過剰であると同時に、能力が欠如しているという認識がなかったことにある。

1 実業家たちの能力活用法

ここからは成功した実業家たちがどのように保有している能力を活用したかを見ていこう。

yutoriの能力活用例

yutoriは次のような能力を保有している。

- □高い感度と影響力を持つ社員が商品コンセプトを考える企画能力
- □商品を十分な品質で安定的にかつ適切なコストで作り続ける製造能力
- □Instagram・インフルエンサーなどを活用しながらマーケティングを行うマーケティング能力
- □店舗を活用した販売能力
- □ブランドを作り上げることができる人材を採用し、高いモチベーションで働き続けてくれるようにするマネジメント能力

これらの能力を活用するならば、商品はアパレルに限定せずとも機能する。もちろんアパレルと他の商品ではＯＥＭ先やマーケティングチャネルが異なるため完全に同一ではないが、隣接する領域に

は展開しやすい状態にある。

yutoriは２０２４年にコスメ事業への参入を発表した。これはアパレルで培った能力を、コスメにも転用できると考えたためである。またコスメ領域への進出に強い情熱を持った社員がおり、コスメ領域における能力獲得も進められると考えたのだ。

相当強い理由がない限りはyutoriのように自社の能力を十分活かせる隣接領域でビジネスを行うのが基本だ。新たな能力獲得を多く要求されるビジネスに取り組むのであれば、能力の獲得に相応の時間とコストがかかることを前提に取り組む必要がある。

ただし、アパレルの能力をコスメに転用できることはたしかであるものの、新たな能力獲得を必要としないわけではない。コスメとアパレルでは企画、製造、マーケティングで大きな差異がある。健全にこの距離を恐れる必要があり「自社の能力をもってすれば容易に勝てる」と思うべきではない。

また、マネジメント能力の１つとして採用能力がある。コミュニティの中心にいる有能なクリエイターがyutoriに入社したいという状態を作り続けることを重視している。そのための見せ方に片石氏は工夫を繰り返し、客観的に採用候補者たちから自社がどのように見えるのかを磨き続けている。

TWOSTONE&Sonsの能力活用例

TWOSTONE&Sonsが展開している事業も領域は分散しているように見えるが、基本的には自社の能力であるマーケティング能力とエンジニアリング能力を活用している。

TWOSTONE&Sonsの能力とは次のように整理される。

□ 他社よりも効率的なリード獲得ができるマーケティング能力
□ 豊富なエンジニアデータベースを背景とした、エンジニアリング能力
□ 大規模組織を構築するための採用およびマネジメント能力

これらの能力を活用できれば、事業は多数の領域へ展開できる。人材の領域から始まったTWOSTONE&Sonsの事業が、今ではメディア、プログラミングスクール、不動産、M&Aなど多岐にわたっているのは、各領域でこれらの能力が活用できているからである。

富士フイルム・バイトダンスの能力獲得事例

新たな能力を高速で獲得するのは、〝強烈な危機感〟のような特殊な要因がない限り実現しづらい。過去に富士フイルムがフィルム事業の危機に直面し、ヘルスケアへの大転換を大規模なM&A・投資を通じ実現したのが良い例だ。強烈な危機感や進出の必要性が無い限りは大規模な転換は実現しづらいのだ。

また富士フイルムはこのような大胆な転換を自ら望んで行ったわけではない。既存事業であるフィルム事業の衰退に直面し、どうしてもそれをせざるを得なかったのだ。

TikTokを生み出したバイトダンスも、自社の能力が十分に活きる領域へ展開することで成功して

いる。レコメンドエンジンに注目が集まりがちではあるが、バイトダンスは元々ＡＩテックカンパニーではなく、ニュースメディアアプリの会社だった。彼らは急激に成長するショート動画を発見し、成長戦略の柱としてTikTokの立ち上げに挑戦した。TikTokの前身となるドウインの立ち上げに当たっては、広告型モデルアプリの運用能力、広告主や代理店とのネットワークという自社の能力を十分に活用し、熾烈な競争に勝利している。

得意領域で戦いながら得意領域を拡大する

新たな能力の獲得には時間とコストが必要な上、大きな不確実性を伴う。高い勝率を見込むには、自社が持つ能力の範囲内で事業創出に取り組むのが基本である。

企業はあらゆる能力を持つことは不可能であり、かつその必要もない。得意領域において勝利し続けることを目指すべきだ。

あらゆる面で優れた能力を保有するビジネス集団というコンセプトは格好良く見えるものの、実務を考えると実現は困難である。そのようなコンセプトを掲げる企業のほとんどは、極めて限定された領域において複数の事業を展開しているに過ぎないのが通常である。

しかし新たな能力の獲得を怠り、過去に獲得した能力のみに依存し続ける場合、環境の変化についていけず、企業は競争力を失っていく。これに対応するためには、**常に一定のリスクを取った新規事業創出に加え、新たな顧客への営業や新商品開発を通じて、日常的に能力を拡張する努力を怠らないことも大切である。**

能力を活用できる隣接領域

自社の能力が競争力として活用できるなら、それは進出しやすい領域という意味で隣接領域と呼べる。一方、一見類似の領域に見えても能力の活用ができないなら隣接領域とは呼べない。企業が進出しやすい領域は、自社の能力を一部だけ変えることで進出できる領域である。

能力を活用した隣接領域への典型的な展開方法は以下の通りである。

□販売系能力基軸＝自社が「営業・マーケティング」に強い場合は、対象顧客層へある程度一般的な商品販売から参入（販売代理で構わない）し、徐々に「企画・製造・サービス提供能力」を増強して独自性を確立する。

□開発系能力基軸＝自社が「企画・製造・サービス提供能力」に強い場合、現在保有する商品を新たな対象顧客層向けにカスタマイズし、代理店などを通じて販売する。自社は商品開発に強みを持っているため、商品自体を強化し続けることができる。営業・マーケティング能力も保有したい場合は、代理店販売のみならず直販の能力を獲得していく。

これらを段階的に行わず、一度に全て行おうとすると、成功すれば時間を短縮できるがリスクは高くなる。自社が新領域に進出できるほど優れた「販売能力」があるのか、もしくは「製品を作り提供する能力を持つのか」と問えば、どちらの方針で行くべきかがわかるのではないだろうか。

いずれにせよ、隣接領域とは実務を通じてある程度のインサイトを得やすい領域である。全く知らない領域を隣接領域と呼ぶことは参入戦略を考えるには不適切である。富士フイルムにしても、医療機器事業は売上全体に占める割合は低かったが、既存事業として存在していた。

ここで知っておいてほしいのは、**顧客基盤を活用するという考えは危険性を含む**ということだ。新商品の対象顧客層は既存商品の顧客層と重なることもあるが、完全に一致するわけではない。新商品には新たなマーケティング・営業が必要であり、それらを行わないとその商品を最も望む顧客層にリーチできない。例えば、yutoriが自社のアパレルを購入している顧客「だけ」にコスメを売るだけでは、成長スピードが限定されてしまう。

顧客基盤は参入の契機として捉えてもよいが、新規営業を行わないことの言い訳にしてはならない。さらに言うなら、取引関係があるだけでは新規事業に活用できる顧客基盤と呼べるかは疑わしい。特定の顧客層に対して強い影響力を持てるマーケティング能力があり、初めて新規事業に活用できる状態となる。

ではナイルがマーケティング支援・DX支援事業から自社でカーリース商品の開発と販売へ移行したのはどう解釈できるだろうか。

マーケティングに関しては自社が保有する能力を活用できたが、企画・サービス提供面では、金融商品を企画し長期間にわたり高品質なサービスを提供するという全く新しい能力を要求された。ナイルはこれを獲得することで事業を成長させていった。

一部の能力であったとしても、新たな能力を獲得するには大きな不確実性が伴う上、多くの投資も必要となる。自社が持っている能力を活用しながら、一部新しい能力を獲得することで進出できる事

業領域を選ぶことが基本だ。

飛び地に飛び込むならば相応の投資を覚悟をする

時には強い必要性から、自社の能力の範囲外に行くことが必要な場合もある。富士フイルムの急転換や京セラのＫＤＤＩ設立（当時第二電電）など、飛び地といえる領域でビジネスを成功させた例も多い。成功に必要なのは、**飛び地に飛び込む強い理由、相応の投資、不確実性の受容である。**

典型的な失敗例として、飲料メーカーがＡＩを活用したＳａａＳへの参入を検討する事例を考えてみよう。以下に挙げるのは架空の状況であるが、このような事例は実に多く見られる。

飛び地に進出する理由は「ＡＩが流行しているから」である。自社は今までＳａａＳの経験もなく、ＡＩの知見もないが、社内に蓄積された飲料関係のデータが強みになるはずだという理由で総予算３０００万円の実証実験が承認された。

新たな人材の採用は前提とせず、飲料のマーケティングや商品企画を行っていた既存の社員が担う。サービスの開発は紹介されたＡＩ系のスタートアップに委託し、営業は代理店、マーケティングは取引のある大手広告代理店に委託する。責任者は複数のミッションを背負っており、本事業には業務時間の20%を投下する。週次の部長報告は義務であり、新たな契約には役員承認が必要だ。事業は単月黒字化を3年以内に達成し、5年でこれまでの損失を取り戻す必要があり、投資額は3年で最大１億円程度。新規の能力獲得に対する投資としては不十分である。

さて、このビジネスを成功させてくれと言われたらどうだろうか。どのようなインサイトに基づいて戦略を描いたとしても相当難しいだろう。

この例には、飛び込む強い理由もなければ、十分な投資もなく、不確実性を受容しながら前へ推進する体制もない。このような状態で飛び地に飛び込んでも、得られるものは少ない。

2 新規事業で活用できる自社の能力

自社が持つ能力は、**既存事業がなぜ儲かっているのか？**を問うことで答えを見出せる。必要とされているが他社にはできない能力の積み重ねが利益を生む源泉となる。他社でもできる能力ばかりで事業を続けていては利益率は下がる。この問いかけにより、自社が新領域でも活用できる能力を把握しよう。

ＩＲ資料や採用サイトなどに書かれている自社の強みは投資家や採用候補者向けのメッセージとして割り引いて見たほうがよく、本当に利益を生んでいる能力がなんであるかは検証が必要だ。投資家向けのメッセージを考えれば、実際のところ利益を生んでいるのが「強靭な営業体制」であったとしても、「データとＡＩを活用した技術力」などと書いてしまうものである。これを鵜呑みにしてはならない。

複数の領域で適用可能な能力は限られている。特定の特許やデータという「点」が事業全体の競争力を担保することは稀である。ここでは、実業家らが実際に競争力として用いることが多い**「マーケティング」「営業」「企画」「製造・サービス提供」「マネジメント」**という要素に注目して説明しよう。かなり単純化してしまうなら、これらの能力は商品を創出するための企画・設計、開発、販売という区分に分けられる。ミスミが掲げる**「創って、作って、売る」能力と解釈することもできる。**

新規事業に取り組む際には「自社の強みは何か」という点は必ず議論になるが、「点」の特許・技術・

データなどが強みであるという主張には相当な注意を払って聞く必要がある。

特に「自社の強み」を議論する際に顧客基盤と特許は過大評価される傾向が強い。これは営業努力をせずとも既存の顧客基盤があるから容易に売れるといったことや、特許があるから優れた製品を作り出すための苦労をあまりせずともよいのではないかといった幻想が背景にあるのではないだろうか。

顧客基盤や特許等の「点」は「参入の契機」を与えるが、必ずしも勝利を保証しない。過大評価には十分に注意する必要がある。

このような「点」の能力は、ほとんどの場合他の能力の欠落を支えるほどの強固な競争力にはならない。他の競争力を保有しており、「点」としての特徴があることは付随的な価値を与えるが、根本的な競争力がそこにあると考えるのは危険である。その考えを持った多くの事業が失敗していった（特に、「保有しているデータが強みなのでデータビジネスをする」という言説は、実に多くの失敗を生み出した）。

マーケティング

まず用語を定義しよう。ここで言うマーケティングとは**顧客を販売の場面（ＥＣサイト・営業など）まで連れてくる能力のこと**だ。マーケティングの一部として語られるブランディングは、顧客の購買意欲を醸成する能力といえる。結果的に単価と成約率の両方を上昇させる能力が「マーケティング」である。

TWOSTONE&Sons、ナイル、yutoriは全てマーケティングに強みを持っている。Instagramや

ｗｅｂメディア、広告を通じて顧客を目の前に効率的に連れてくることができる能力は、多くのビジネスにおいて重要であり、大きな競争力として機能する。

マーケティング能力は領域選択に際して高い戦略的な自由度をもたらす。なぜなら多くの事業の立ち上げにおいて重要な課題である「顧客と話せる状態を作る」という問題が克服されるからだ。新領域への進出に対しては、リスクが低いメディアビジネス（例えばＡＩのサービスを作る前にひとまずＡＩに関するメディアから参入することでリスクを抑えることができる）として参入を進めることもできる。

TWOSTONE&Sonsが複数領域のＢ toＢ事業に、yutoriはアパレルからコスメへ、ナイルがマーケティング支援から自動車まで進出できたのは、優れたマーケティング能力を持っていたからである。逆にマーケティング能力を持たない企業は、新たな顧客を開拓できず、事業領域が特定範囲に絞られることになる。

営業

営業はマーケティングにより販売の場面まで来た顧客に対して、商材を売る能力を指す。

TWOSTONE&Sonsが行っているＢ toＢ事業、プログリットが販売する個人・法人向け英語学習プログラム、スペースマーケットの法人向けサービス、これらは全て高度な営業能力を有することが決定的に重要であった。

複雑な商品を売るには高度な説明能力が重要であるのに対して、比較的単純な商品を売る場合は効率的な営業体制が重要となる。どちらも同じ「営業能力」だが、その性質は異なる。

営業能力の性質を示すエピソードとしてプログリットの法人向けサービスの成長がある。プログリットは創業直後から法人向けサービスに取り組んでいたが、個人向けサービスと比較して成長速度は遅かった。これは法人営業と個人営業では方法が全く異なったからである。２０２４年現在は法人営業の経験者を採用することで成長速度を向上させることに成功している。

営業能力は顧客属性や商品属性によって大きく異なっている。「営業がすごい」と言われる会社は数多くあるが、どんな商品でも売れる万能な営業能力を持っているわけではない。自社の営業能力を正確に把握したいなら「何を・どのように売る」能力があるのかを詳細に把握するべきだ。

自社で高い営業能力を持つことができれば、戦略的な自由度を大幅に広げることができる。新領域に進出する場合でも、まずは他社の商品を仕入れて販売することから始めればよい。そうしてその領域の知識を学習してから自社商品を作るというプロセスを辿ることができる。

逆に営業を恐れているようでは、特にＢ to Ｂにおいて新規事業を立ち上げることは相当困難になる。「営業は代理店頼り」「新規顧客に対する営業能力を持たない（やりたくない）ため少数の既存顧客だけにまず案内」という状態では、どのように優れた戦略があったとしても事業はうまく立ち上がらない。

代理店が売ってくれるものは「十分な実績がある」「極めてわかりやすい」「自社に強烈な旨味がある（継続的な収益など）」などの条件を満たす必要があり、代理店の活用はあくまでも拡大のためのオプションとして捉えるべきだ（ただし事業の拡大段階においては主要な手段となることもある）。

あらゆる新規事業において「営業はパートナーが担う」という案は、本来は自分が営業するべきだがしたくないという甘えからくることが多い。自分で顧客へプレゼンしフィードバックを受けなければ、製品を改善する速度も上がらない。**特に新規事業は事業リーダー自身で売るべきだ。**

製品企画・開発

製品企画・開発とは、顧客にとって有用な製品を自社で設計し、作り上げる能力を指している。yutoriは高度な感性を持った社員を採用し、その社員がブランドコンセプトを作り上げ、細かいデザインや品質にこだわり抜いて競争力があるブランドを作り上げていくプロセスを確立している。プログリットはゼロから自社の教育プログラムを短期間で作り上げた。現在では言語学の専門家を採用し、自社製品の企画開発能力を向上させている。

ナイルは高橋氏自らが牽引し、複雑な協業が必要なリース商品を作り上げた。

成田氏がかつてCOOを務めたクラウドワークスではUX（サービス全体の使い勝手）を重視し、改善を続けることにより競争力を高めた。

これらの企業は高度な製品企画・開発能力を競争力とした例である。

上記に当てはまらない、筆者にとって印象的な投資先があった。その企業は比較的単純な人材系サービスを提供しており、筆者が「プロダクトは作らないのか？」と聞くと「僕（社長）はそういうものは考えられないので今の事業を伸ばします！」と答え、驚異的な成長を続けていった。**高度な製品企画・開発能力を競争力とせずとも会社は成長させられる**と学べた良い事例であった。

今回取材を行った実業家らの企業は自社で製品を開発し（OEM含む）、ブランドを保有しているが、代理販売というビジネスも存在する。代理販売の場合における製品企画は顧客からの需要が強いであろう商材を見極め、優遇された条件でいかに早く大量に仕入れるかがポイントになる。多用な商材を扱う通信大手の光通信やソフトバンク、半導体・セキュリティの商社であるマクニカなどは、この手法で急成長を遂げた企業の代表例である。

製品企画・開発能力を獲得するには時間が必要な一方で、一度獲得してしまえば企業に持続的な競争力を与えることができる。

例えばマーケティング能力を中核とするならメディアビジネスなどで多数の領域に進出できるが、これは他のマーケティング能力を持つ企業にとっても同様であり激しい競争は避けられない。ナイルの高橋氏が「他のマーケティング系の企業が目をつけていない産業」を探したことは、このマーケティング競争を避けるためであった。

マーケティングの方法は常に移ろい続け、あるとき強かった企業が一気に崩れていくケースも散見される。特にデジタル広告ではＳＥＯ、リスティング、ＥＣモール内広告、YouTube、Instagram、TikTok……と、方法論だけでも激しい変動に晒される。ＳＥＯでかつて強い立場を持った企業が２０２４年現在では縮小しているということは珍しくない。

参入時点で「製品が決定的に優れている」ことは必須条件ではないが、対象領域において長く競争力を保ちたいなら自社内部に製品企画・開発能力を持つべきであろう。

マネジメント

マネジメントは企業の土台となる能力であるため、他に挙げた能力とは粒度が異なるが、企業が実際に取れる戦略に重要な影響を及ぼすためここで説明をする。

マネジメントとは多くの人員を採用し、安定的な生産性を保つことができる能力を指す。マネジメント能力が重要となるビジネスは多い。ＢＰＯ、人材、コンサルティング、店舗運営など挙げれば切りがない。また、一定規模以上になればこの能力はほとんどのビジネスで求められるだろう。

TWOSTONE&Sonsのエンジニアマッチング事業では営業体制を作り上げ、拡大し続けるためのマネジメント能力が重要な競争力となっている。

プログリットは業務委託が基本である英語教育業界において、全員を正社員として採用し組織強化に大きな投資を行っている。逆にコロナ禍で社員が出社できなくなると結束が弱まり、競争力は激減した。岡田氏はこの対策として週３日出社に急転換し組織の競争力を保った。

マネジメントと言っても会社ごとに得意なマネジメント・組織体制は異なっており、また急激に変えることは難しい。

特に人事・給与制度については大きな変化を起こしづらく、極端な話、別の制度に変えるくらいなら新会社を作ってしまったほうが早いことも多い。固定給で安定的に働くという制度と上下の激しい成果報酬型の制度を同じ会社内で両立させることは難しいのだ。

自社のマネジメント体制、それに連動した社員の性質を活用したビジネスを基本とするべきである。マネジメントで競争力を発揮したいなら戦略と組織制度は連動している必要がある。例えば営業文化・それを支える組織制度がない企業が、営業が極めて重要なビジネスに参入するというのは現実的ではないのだ（ＭＥＣＥな整理ではないと言われてしまうかもしれないが、現実は複雑だ、ということで許容していただきたい。特にマネジメントに関しては上に挙げた能力全てに影響する会社のインフラとして見ることができる）。

製造・サービス提供

製品を妥当な原価で製造し、納期・品質に問題のない状態を続けることができる能力が「製造・サービス提供」である。

yutoriでは当初この能力を獲得するために苦労したが、専門家を採用することで解決した。yutoriはマーケティング・企画開発能力および製造能力を活用することで、アパレル領域における再現性の高いブランド立ち上げに成功している。

属人的に見えるサービスは拡大が困難なように思えるが、プログリットのような大規模な組織が品質を保ちながら運用できている場合、それはサービス提供体制に強いことの証しでもある。プログリットのようなサービスを数名で運用することと100名を超える組織で運用することでは、全く異なる能力が必要となるため、重要な競争力と評価できる。

今回の取材対象企業ではないが、飲料、食品、消費財、自動車などでは製造の能力が重要となる。

3 能力の把握方法

新規事業に取り組む際には「自社の強みは何か」ということは必ず議論になるが、点としてではなく、ここまでに挙げたような「マーケティング」「営業」「企画」「製造」「マネジメント」機能全体で捉えるべきである。もし点の能力で、事業全体の競争力とできるならばそれは相当特異的だ。

機能全体で能力を捉える

強み・能力を端的にまとめるなら次のように表現できる。

□ 営業・マーケティング＝他社より売る能力が強い
□ 製品企画・開発＝他社より優れた製品を企画・デザインできる
□ 製造・サービス提供＝他社より安定的かつ大規模にサービス・商品を製造し提供し続けられる
□ マネジメント＝他社より大規模かつ効率的な組織を形成し運用できる

多くの場合は複数の能力が組み合わさって自社の能力を形成している。また、どの能力も自社の事業領域において、ということは前提である。当然ながらアパレルの製造能力と英会話スクールの製造

図1: 競争力となる主な能力のイメージ

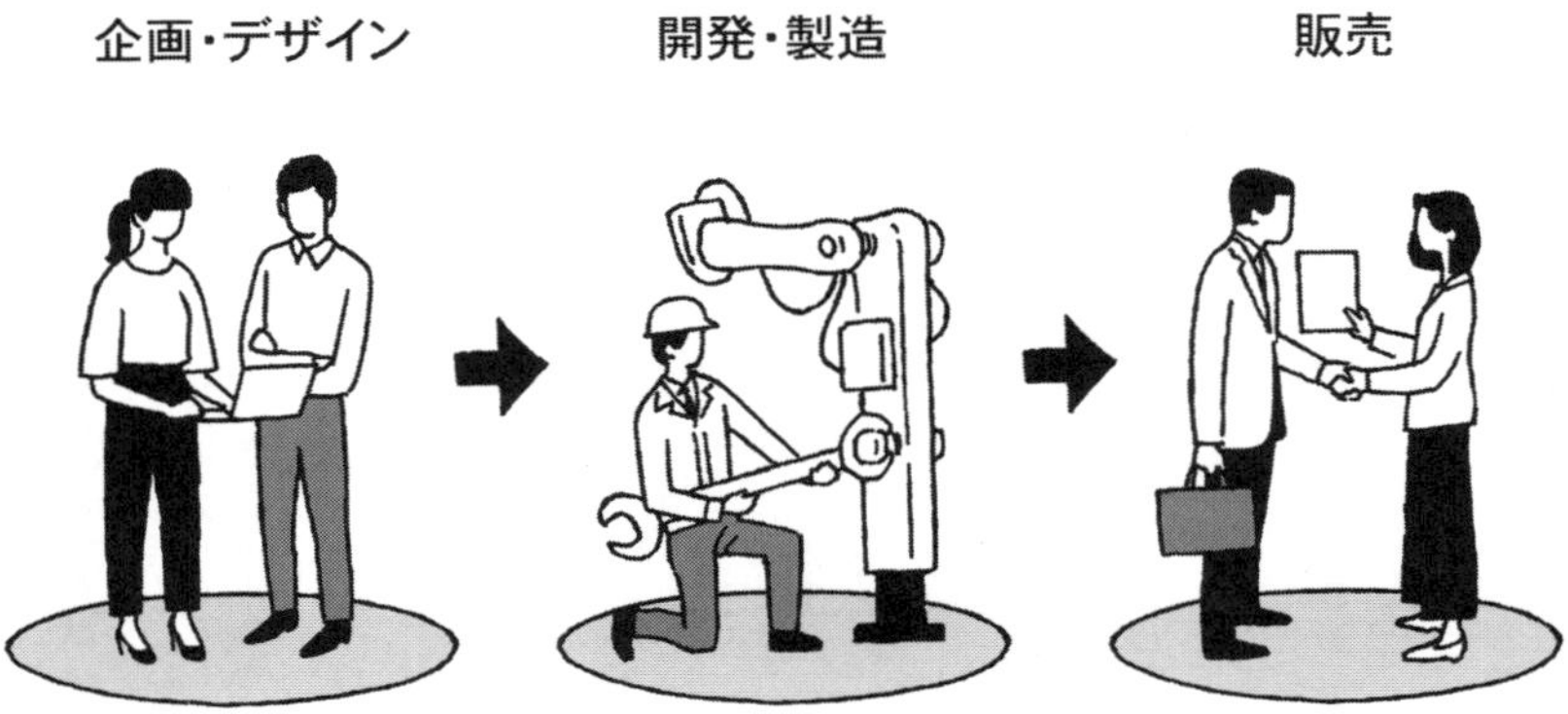

能力（サービスを安定提供する組織運営能力）は別である。それどころか、英会話を個人向けに売る能力と法人向けに売る能力でも乖離がある。プログリットは経験者を採用するまでは法人向け営業の能力は弱かった。能力が持つ汎用性は高くないと認識し、必要に応じて新規採用や能力獲得のための投資を行うべきだ。

「慣れていること」を評価する

自社は当然のようにやっているが、他社から見ると難しいという「慣れ」に注目してみよう。競争力は点で成立するものではなく、企画・開発・販売が有機的に連携し日常に溶け込んだ状態になっている（図1）。つまり「慣れている」状態である。慣れていることであれば意思決定の速度も実行能力も、慣れていないことと比較すると驚くほどの差がある。

会社が持つ能力を「点」に見出すことは難しい。企画・開発・販売が組み合わさって効率的に運用できている状態から見出せる場合が多い。例えばナイルはSEOという「点」の能力に長けているが、これはあくまで「点」であり、ナイルの能力を表すには十分ではない。

自社にとっては当然なため、他社との差分を自分たちで見出すことは難しいかもしれない。顧客からの意見や専門家らの意見にも耳を傾け、自社の能力を見出すとよいだろう。

参入の契機となる「点の能力」と競争力を支える「能力」は別の概念

自社が十分な能力を持たない新領域、飛び地に進出する際は「自社の強みは何か」と問われても「ない」が正しい回答となる。それでも進出したい飛び地があった際にはあえて「点」に注目する。参入の契機となる「点」の技術や顧客基盤を活用し、拡張性はなくともとりあえず参入することが可能なケースも多い。とりあえず参入してしまい、能力を養う機会を得てから、第二段階で拡張性のある戦略を描くのだ。

yutoriも創業時は「古着好きである」という点の能力を活用し、Instagramのアカウント運用から参入した。アカウント運用だけで大きな拡張性を図るのは難しいが、これが能力獲得の契機となり、段階的にビジネスモデルを拡張する足掛かりにできた。

能力は正確に把握する

経営陣や事業リーダーは「強みはマーケティング能力」という粒度ではなく、社員個人が具体的にどのような能力を持っており、組織としてどのように連携したオペレーションを行っているのかを詳細に把握するべきだ。

詳細に把握していない状態では自社の競争力を正しく把握できず、勝てない戦いを挑んでしまったり、新たな能力獲得に向けて大きな投資が必要であるのに、それをしなかったりしてしまう。それは自社が保有する能力と事業に必要な能力の間にある距離を適切に把握できていないからだ。

本書で挙げた代表的な能力以外にも、不動産業界であれば資金調達能力、ヘルスケアやモビリティであれば行政との折衝能力など、自社が持つ儲けの源泉となる能力については様々な整理方法を考えることができるが、いずれにせよ、能力は点で捉えるべきではない。能力とは**「企画・製造・販売という一連の機能を実現するシステム」**として捉えるべきだ。自社の能力を語る際には、どのような能力を持った人らが連携し最終的に商品・サービスが売れて利益が出るのかを説明できるようにする必要がある。

例えばメーカーやＩＴの場合、自社の強みを議論しようとすると技術・特許という点のみに焦点を当てる場合が多いが、それは自社の利益の発生源の説明として十分だろうか。例えばロボットメーカーであれば、もちろん技術や特許は重要な能力であるが、全国のロボットSIerとのネットワークという販売面の能力も評価するべきではないだろうか。

能力把握を行う際は、社内メンバーのみで議論をするのではなく、顧客になぜ自社を選んでくれているのかを問うといい。「価格が安い・納期が早い」と言われたなら、それを支える製造体制および原材料の仕入れ能力に注目し、調達や製造を担っている社員と話すことで能力を正確に把握できる。

4 日常的な能力拡張

企業は新たな能力獲得に常に取り組むべきである。事業環境によって必要な能力は遷移するため、同じことばかりしていては、企業の持つ能力は次第に不必要なものになっていく。常に能力を獲得し続けなければ、企業は活用不可能な資産しか持たない状態になり、利益の創出能力は削がれていく。

能力拡大に取り組み続ける意義としない場合の恐怖

それではどのようにして、日常的な能力獲得に取り組んでいけばいいのだろうか。

それは常に新しい顧客を獲得し、新商品を出し、新規事業を作り続けることにある。

特定の顧客のみを対象とし、過去のヒット商品に依存する収益構造を取っている企業が向かう先は衰退である。現在収益の柱となっている顧客層や商品と、新たな顧客層や新商品と、どちらが簡易かつ効率的に売上や利益を得られるかといえばもちろん前者である。しかし**企業は新しい事業に取り組み、新たな能力を獲得することでしか、変化する環境に適応し続けられないのだ。**

例えば大手企業の子会社・孫会社を思い浮かべてみよう。このような企業の多くが親会社から降りてくる仕事に依存しているが、親会社からの発注が減少し、自社での案件獲得や自社事業が必要な状態になっているところは多い。しかし長年習慣的に続けてきた事業と顧客に依存してしまっているため、この状態からの脱却は容易ではない。危機感を抱き、急いで新規事業で突破を図ろうとしても、十分な実行戦力が養われていないため、どのような戦略を描いたとしても実現困難なのである。

自社がそうである、と感じたなら強い意思を持ち、長い時間をかけて脱却を図るべきではないだろうか。最初は実行戦力がないため、大変苦労することになるが、取り組み続けることで新規採用・育成両面で能力を獲得していくことができる。

能力拡大を日常化させるため、評価体系に取り込むことも有効だろう。筆者が取引を長期間している企業の中には「新しい儲け方をつくった」ことが高く評価される仕組みになっているところもある。目の前で生み出した粗利のみが評価されるような環境では、能力拡大は日常化しづらい。新たな取り組みは非効率的だからだ。

筆者としては、例えば「新規事業を立ち上げたが利益の観点では全く成果を出せずに2年で撤退」したとしても、新規事業に全力で取り組んだ結果、過去実現しなかった重要な能力獲得を実現したのであれば評価すべきではないかと考える。

スタートアップであれば経営陣が筆頭に立ち、新規事業開発・顧客開拓を続けることで能力拡大を図ることが多い。

段階的な能力拡大：筆者の事例

ここで筆者が過去経験した段階的な能力獲得の事例を紹介させていただきたい。

筆者は事業再生を目的とし、15名ほどの社員がいた人材系の広告・イベント会社を買収して代表に就任した。買収時点ではエンジニアは在籍しておらず、デジタル系の事業もゼロである。新規営業方法は主にテレアポだ。ここから会社を成長させる必要性が発生した。事業再生案件なので赤字であり、投資能力は乏しい。

コスト削減と既存事業の成長施策を実行したが、既存事業の成長には限界を感じた。そこで会社を成長させるために新領域への進出が必要となり、方針としては以下を掲げた。

□人材業界内におけるデジタル技術を活用した新サービスを自社で運営する（人材業界に閉じたデジタルサービスの企画・開発能力獲得）

□自社のデジタルサービスを支える技術を他の人材会社へ販売する（人材業界に閉じた外販可能なデジタルサービスの企画・開発・販売能力獲得）

□人材会社以外へもその技術をパッケージ化しＳａａＳとして販売する（非人材業界におけるデジタルサービスの企画・開発・販売能力の獲得）

このようなプロセスを経て人材会社はＳａａＳ企業として生まれ変わり、元は売上約2〜3億円・営業損失3000万円であった業績は7年間で売上20億円・営業利益11億円まで成長した（この変革を作り出したメンバーらには感謝してもしきれない！）。

当時強く意識していたのは、はしごを上るようにして両手両足を段階的に動かし、能力の獲得と事業化を進めるということであった。

例えば人材会社が最初から第三段階目であるＳａａＳ事業に参入するというのは、非常に高いリス

図2：目標とする新領域進出のイメージ

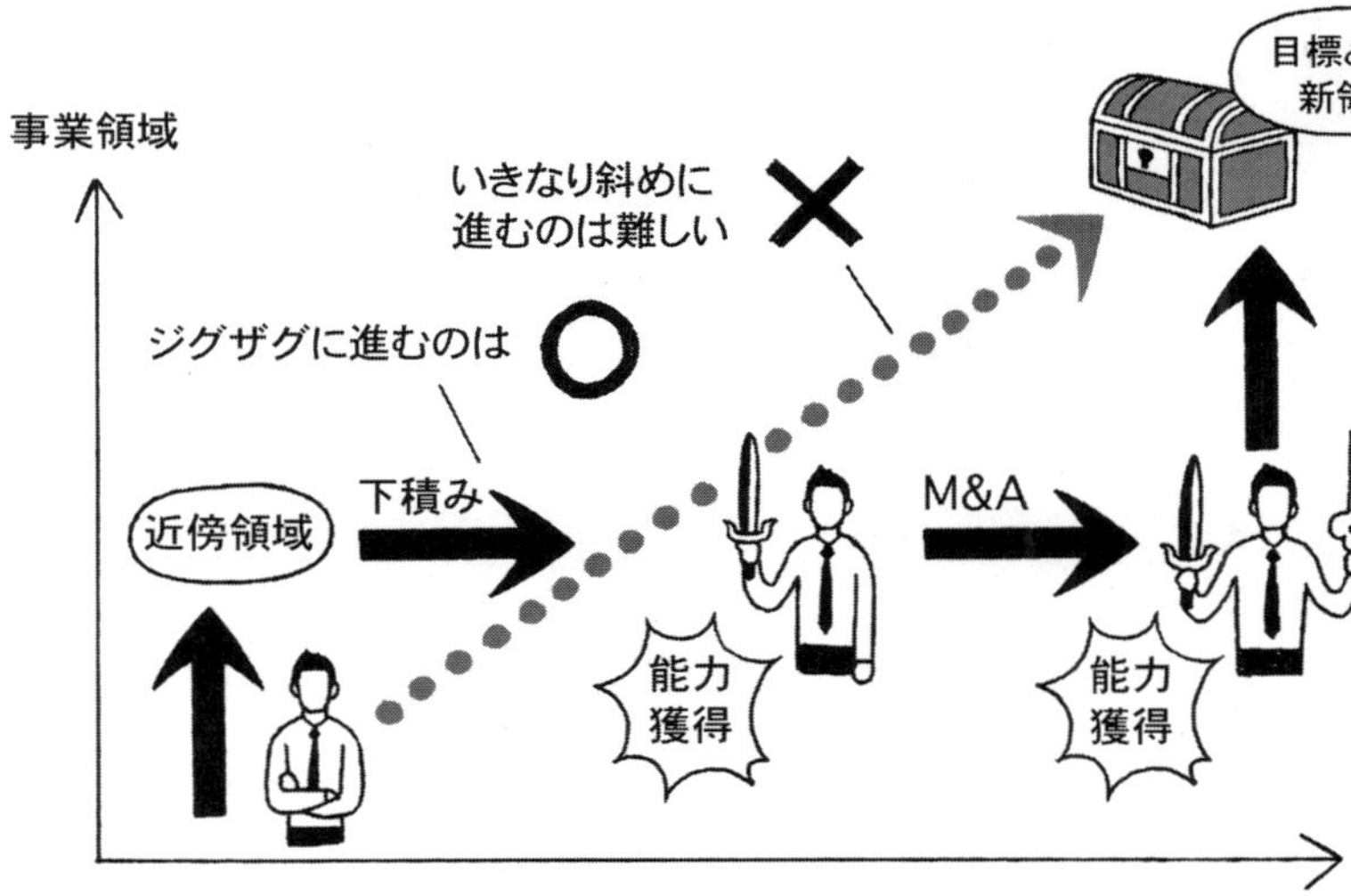

クを持った戦略であり、実現できると思えなかった。斜めに進むのではなく、事業領域と自社が保有する能力を段階的に拡大させるジグザグ走行をするべきだと考えていた（図２）。

作ったこともない商品を新しい顧客層へ売りに行くのは極めて不確実性が高く、赤字状態を継続することになる。目的が明確であり、スピード重視ということであれば商品開発と新規営業を行ってもよいが、高いリスクを許容しなければならない。

毎回新たな能力獲得には大きな苦労があった。人材の媒体やイベントを売ることとＳａａＳサービスを売ることでは、対象部署もチャネルも営業スタイルも全てが異なり、それぞれゼロからの能力獲得が求められた。

このときにオウンドメディア運営能力、展示会の使い方、手紙の活用方法、顧問の活用方法など多くの知見を得て「ＳａａＳの販売・マーケティング能力」を獲得するに至った（今思えばアドバイザーなどに入ってもらえればより効率的にできた）。これを実現したメンバーは買収時点で在籍していたわけではなく、ＡＩ事業立ち上げのために採用した新規採用者が主である。

日常的な能力拡大方法

販売能力を拡大させるには、従来と異なる顧客基盤に対して自社の商品を販売することを考えよう。新規営業は多くの人が避けたがるため、リーダーが強い意思を持たなければルート営業だけしかできない組織になってしまう。この状態を続けた結果、新規開拓能力を失ってしまっている企業は多い。新たな顧客へアプローチするには、新たなマーケティングチャネル（媒体など）を使う必要性が出てくることもある。常に新たなチャネルを使いこなすよう挑戦することで、販売能力を日常的に拡大できる。

企画・開発能力を拡大させるには、自社と強い関係性を持つ顧客に対して新たな商品を売ってみるといい。パートナーと共に共同パッケージを組成し、売り込みにいくのももちろん良いだろう。この過程で顧客のニーズに敏感になり、開発を行って新たな提案をし、オペレーションを組み上げていくという能力が拡大できる。

新商品・新規事業というと「驚くようなビジネスモデル・イノベーション」を思い浮かべてしまうかもしれないが、**yutoriがアパレルではなくコスメを販売したように、自社の能力から距離の近い領域に迅速に展開することを基本と考えよう。**「驚くようなビジネスモデル」は派手でメディア受けも良いが、事業として成功する確率は低く、ハイリスクな選択肢でもある。

能力拡大は常に不確実性を伴い、多くの場合は時間も必要とする。ナイルがBtoBのSEO支援から変革を試み、自社でメディア事業を運営する能力を持ち、さらに自社で金融商品を開発して販売可能になるには10年近い時を要した。ナイルのような機動力がある企業であっても、長い時間が必要だったのだ。**自社を変えるためには時間が必要であることを認識し、いま能力拡大に取り組んでいないのなら、早速着手するべきではないだろうか。**

リスクを取った能力急拡大事例

能力獲得は早いほうがよい。当然である。しかしながら速い速度での能力獲得は同時に、リスクを増大させることを受け入れる必要がある。メルカリは成功の確証はないテレビCMに15億円を投資した。ビズリーチも同様に、テレビCMに多額の資金を投資した。

これは「テレビCMを活用して有効なマーケティングを実現できる」確証はないが、その不確実性を受け入れたということである。例えばプログリットが過去経験したように、TVCMを行ってもマーケティングに寄与しなかったということも十分考えられるのだ。

上記2社は成功例であるためリスクを受け入れ成功した素晴らしい会社として挙げられるが、投資が失敗した結果、事業閉鎖に追い込まれた事例は数えきれないほどある。

むしろ成功例のほうが少数である。高いリスクを受け入れられるからこそ、スタートアップという「ハイリスクだが稀に大成功する」という経営スタイルが存在する。生存した少数の企業のみを見て、リスクの取り方としてベストプラクティスであると評価するべきではない。

上はTVCMだけの例を挙げたが、スタートアップは通常複数のリスクを同時に取る。「レスポンス高速化のために1億円投資をし、LTV（ライフタイムバリュー）の向上に貢献することを目指す」「同時に日本以外の多数地域へ進出し、1／3以上の国において成功することを目指す」など、計算できる範囲を遥かに超えたリスクを受け入れる。検証を段階的に進めるというプロセスをスキップすることにより、低い確率ではあるが高いリターンを実現しようとするものなのだ。この考え方は『ブリッツスケーリング』（日経BP）を読むと学ぶことができるだろう。

メルカリに代表されるが、トップシェアを取った企業が利益を独占してしまうという市場構造の都合から、このような動きを取らざるを得ない状況が存在する。このようなリスクを許容できないにもかかわらず、メルカリのようなハイリスクな動きを求められるビジネスに参入する計画を描いているなら、そもそもの対象領域を誤っているということだ。メルカリが「フリマ市場に参入したいが2年度目から黒字化する必要がある」という制約条件を持っていたなら極めて厳しい戦いになったであろう。

5 ゼロから始まる能力獲得と領域拡大

ある学生起業家、長島氏がどのようにして、ビジネス経験のない１人の学生から成功する実業家へと成長していったのかを参考材料として見てみよう。この事例を通じて、事業領域拡張と能力拡大がどのように進むのかを考える。自分の能力を踏まえた事業領域の拡張と、事業を通じた能力の拡大を合わせて進めることで、自分の可能性を高速で広げることができる。

起業や事業の立ち上げをしていこうと考えている人へのエールも込めて、本書の流れとしてはやや例外的な位置づけであるがご紹介させていただきたい。

学生起業家・長島悠人氏の事例

当時慶應義塾大学の学生であった長島悠人氏は「学生の中で起業がすごいイケてる雰囲気だったから」という理由だけで起業をしたいと考えた。起業家にとって壮大なストーリーは不要である。自分自身の熱意を駆り立てるものであれば十分だ。

当時学生である長島氏が、この時点で持っている能力はほぼゼロである。使うことができる資源は熱意と時間くらいしかない。しかしそこから長島氏はメディア企業で半年ほどインターンシップを経験し、メディア・広告ビジネスに必要な能力を獲得。その後メディア事業で起業し、1年半後に約5億円で会社を売却した。
このような例は珍しいものではない。

長島氏の成功要因の分析

ここでは以下4つの観点に注目しよう。

①下積みを活用した効率的な能力獲得
②儲かる事業領域との出会い
③インサイトの発見
④熱意・時間という資源の重要性

である。

①下積みを活用した効率的な能力獲得

個人の場合はインターンや企業に勤務することにより、能力獲得を効率的に行うことができる。長島氏は能力獲得に必要な実務経験をインターンを通じ行っていった。ここでは得られる給与は重要ではなく、あくまで能力獲得につながるかどうかが重要だ。

多くの企業は新領域に参入してすぐ、得られるキャッシュフローを重視してしまう。しかしこれは、学生が時給でインターン先を選ぶようなものだ。新領域における下積み期間では得られる能力に焦点を当てるべきだ。

起業を目指す学生の長島氏にとって「安定かつ効率的に儲けることができるのか」という観点は必要なかった。だからこそ能力獲得に集中できたのだ。もし効率性をこの時点で重視していたら、楽であること・時給が高いことを重視してしまい、能力獲得につながるインターンを経験することはできなかっただろう。

修業期間をどの程度必要とするかは事業内容によるが、長島氏のインターン期間は半年であった。「半年」という時間は、メディアビジネスで独立できると長島氏が思うまでに十分な期間だったのだ。

②儲かる事業領域との出会い

長島氏は高速で成長させやすく学生起業家にとっても参入が容易である「メディア」という領域に巡り合うことができた。ただし戦略的に定めたわけではなく、出会いは偶然の産物であった。

下積み先の選定に関する注意点としては、儲かっている企業で働くことである。事業を成功させる能力は、それを有する企業、要は儲かっている企業で学ぶことが効率的である。儲かっていない企業でインターンをしても、儲ける能力を学ぶことができるかは不明である。

長島氏は当時急拡大を遂げていた、ある上場企業で下積みを経験し、能力獲得と同時に儲かる事業領域に巡り合うことができたのだ。

③インサイトの発見

下積み経験から有望な事業領域を見定めていた長島氏であっても、創業直後から売上急拡大とはならなかった。それは自分にとってのインサイトが発見できていなかったからである。半年ほどは売上の低空飛行が続いた。そこから徐々にメディアを急拡大させる手法に気付き、集中投資を行ったのだ。その後1年で急拡大を遂げ、月商は1500万円に到達。この結果をもって売却へ至ることとなる。

④熱意・時間という資源の重要性

さて、長島氏がインターンを開始してから5億円で事業を売却するまでの期間は約2年だった。事業能力ゼロの状態から、なぜ短期間で成果を残すことができたのだろうか。これは筆者の解釈によれば、事業創出にあたり「熱意・時間という資源」が極めて重要かつ希少だからである。熱意を持ち時間を投下したからこそ、下積みを通じた能力獲得・対象領域との出会い・インサイトの発見と、その後の拡大を乗り切ることができた。精神論ではあるが、この精神論はあまりに重要である。

長島氏その後

長島氏は事業の売却後、メディア事業を通じて獲得したマーケティング能力を活用した事業領域の拡大に取り組んだ。そして売却して得た資金を活用してＩＴソリューション等を用いたオペレーション改善による事業買収・新規投資と進出していった。

個人でも組織でも、能力獲得と事業領域の拡大は連動して進んでいくものだ。例えば長島氏が自分のマーケティング能力を活用しないビジネスをあえて選択し、全く別の能力を獲得して新領域への進出を図るなら、新たな下積みを必要とするだろう。

一度成功してしまうと、新領域進出時に発生する「下積み期間」を、どうしても機会損失と捉えてしまうようになる。長島氏の立場であれば、「新領域進出のための能力獲得という下積みに時間を費やさず、メディア事業を継続してやっていればもっと儲けられたのに」などと思ってもおかしくはない。個人であろうが組織であろうが、そのほとんどが最初に獲得した能力を中心にその後も過ごしていく。

しかし長島氏は現在でも新領域進出に対する高い熱量を持っており、下積みも受け入れる姿勢を持ち続けている。

6 個人の能力を十分活用した領域選定事例

ＪＤＳＣ（日本データサイエンス研究所）の代表である加藤エルテス聡志氏は、代表を務めるＪＤＳＣを自らの能力を活用し発展させることで成長させてきた。ここでは個人の特殊な能力を活かした事業領域の選定について、加藤氏を例に見ていこう。

個人の特殊能力

まず加藤氏の個人としての特殊性（能力）を整理した。

①事業経験

加藤氏はＪＤＳＣを立ち上げる以前から多数のビジネスに取り組んでいた。内容はコンテンツ事業や教育事業など様々である。これらの経験から事業を作り上げていく能力はすでに持っている状態だった。

②営業能力

自ら毎週様々な会を開催し、多種多様なネットワークを有していた。加藤氏には新たな人と会って話し、ネットワークを築いていく類いまれなる行動力があった。

③企画能力

学生時代から心理統計学科で統計学を学んでいた。また製薬会社に勤務した経験から医療業界に関する知見も持っていた。この知見を活用することにより、提供するサービスという面で他社よりも大きな優位性がある状態でスタートできた。

つまり、加藤氏は１人でＪＤＳＣの原型となるビジネスを完結する能力を持つ。後はどの程度この事業を拡大できるかに向き合うだけである。このように１人でビジネスを完結させられる能力を持っており、需要とフィットした場合、事業立ち上げは極めて円滑に進む。それを組織としても拡大可能にするには障壁はあるが、これは筆者の経験上でいえば十分克服可能な壁である。

ＪＤＳＣの対象領域

ＪＤＳＣの事業領域はデータサイエンスを中核的な競争力としたソフトウェア開発およびコンサルティングビジネスである。ＪＤＳＣが株式会社化する前に社団法人の時代があり、この当時は医療情報の統計解析に取り組んでいた。

「医療情報の統計解析」という領域に加藤氏が気付いたのは、初期顧客との出会いを通じてであった。「こういったことができないか」と相談され、加藤氏はその希少な能力をすでに持っている状態にあったのだ。

その後も、知人らを通じて医療情報の統計解析案件の獲得に困ることはなかった。これは次の3つの要素が重なったからだと解釈できる。

①希少な知識

加藤氏は「学生時代統計学をやっていたのは楽しかったからというだけで、何かを狙っていたわけではない」と語る。これは片石氏の例にも通じるが、実業家らが長年かけて獲得した能力のほとんどは、「将来その能力を活用してビジネスにしよう」と戦略的に考えたものではない。純粋な好奇心に導かれ身につけた能力である。

②需要の急増

統計解析・データ活用の需要が急増し、それに対応できる会社は少なかった。大手ITの一部はその能力を持っているがサービスは高額であり、新規参入者が入りやすい状況にあった。

③行動力

医療情報の統計解析ができる人間は加藤氏以外にもいただろう。しかしなぜ、加藤氏に発注が集中したのだろうか？　それは行動力があり、案件を取りに行く営業能力が高かったことに加え、案件をプロジェクト化し事業にしていく力を十分に持っていたからである。スキル自体を持っていても、部屋に引きこもっていたのではビジネスにはならない。

この医療以外にビジネスを拡張し、より対象領域を広げていったのが現在のＪＤＳＣである。

インサイトはシンプルで、
□顧客は「医療情報の統計解析」を強く求めている。
□しかし、大手企業のサービスは高額であり手軽に購入できる状態にない。
□自分なら十分な能力を持っている。
ということである。苦労せずとも案件獲得ができるということは、調べるまでもなく、競合のサービスは十分な競争力を持たないことを示している。調査を顧客が代行してくれているとも表現できる。様々な事業に取り組んでいると「苦労しなくても売れる」という瞬間に巡り合うことがある。これは大変貴重な瞬間である。この火種を限界まで拡張することを推奨する。

理論を先に作って行動しても、先に行動をしてその結果を解釈して理論を作ってもよい。なぜその現象が起きたのかを説明できれば、投資も獲得しやすくなる。全力で事業を前に進めると同時に、資金調達が必要ならば自社がなぜ競争力を持つかを整理してみるとよいだろう。

加藤氏に言わせると「事業立ち上げにはそれほど苦労はなかった。受託なのでシンプルである」とのことであるが、これは加藤氏が豊富な事業経験を持ち、行動力とネットワーク構築に優れていたという点を見落としてはならない。データサイエンス、医療に関して同様の知見を持っていたとしても、加藤氏のように「（自分にとっては）苦労はなかった」とは言えないはずだ。

加藤氏が他に取り組んだ事業

加藤氏は手数が多く、以下に挙げる以外にも多くの事業に取り組んでいる。手数の多さには感服する。その中で出会った1つのビジネスがＪＤＳＣの事業であった。

RISU Japan

教育に関するサービスであり、現在でも十分な拡張性はあると考えている。当時、この事業に対してよりコミットしなかったのは共同創業者が資金調達をしないという方針だったからである。

テキストコンテンツ

テキストで楽しむコンテンツを提供するビジネスを行っていた。これはコンテンツの台本を書く人のマネジメントに苦労し、注力しないこととなった。

ＪＤＳＣ内で新規事業としてのＳａａＳ事業

ＪＤＳＣ内でＳａａＳ事業を立ち上げようとした。しかし、加藤氏が考えるにＳａａＳ事業の勝率は非常に低いものであり、現在の大規模化に成功したＳａａＳの影にも類似企業が大量にいた。この勝負に対して全力を投じる意思を持つことができず撤退した。

JDSCと三井物産の合弁会社であるseawise社（2022年設立）

船の燃費削減のためのセンサーを提供することを主力事業としている。ビジネスモデルとしてはセンサーの販売に加え可視化のためのソフトウェアを提供することで従来の製造業よりも収益性を高めている。効果はわかりやすく、船に溶接で埋め込むため高い継続率がある。

7 飛び地における能力獲得

企業は常に新規事業開発・新顧客獲得・新商品開発を通じて日常的な能力の拡大を図るべきである。これらの取り組みを通じて能力を獲得し拡大させることによって、変化を続ける環境に自社を適応させ、適切な状態を保つことができるというのが本書の立場である。

飛び地における能力の必要性

既存の事業領域や保有する能力から大きく離れた新しい領域のことを「飛び地」というが、このような飛び地への進出は高いリスクと不確実性を伴うことが多く、成功するためには相応の投資や新たな能力の獲得が必要となる。

有名な事例には、富士フイルムが写真フィルムの製造から転換し医療機器や素材事業を積極的なM&Aを含め主力事業に育成したケースや、京セラが通信事業に進出しKDDIを設立したケースが挙げられる。このような大規模な変革は高い不確実性とストレス、そして多額の投資が必要になる。

とはいえ、「飛び地」へ進む選択をするときはあるため、ある程度飛び地で活用できる能力獲得を目指す場合の方法について解説する。

大前提として、自社は飛び地においては相当弱い状態にあることを認識するべきだろう。なぜならこの認識をするからこそ、能力獲得のために投資を行うなどの思い切った意思決定ができるからだ。**無理に「強みが活きる」というストーリーを作るべきではなく、「弱いが、必要だから行く」というストーリーにするべきだ。**

経験に根ざした意思の重要性

現時点で飛び地で活用できる能力がなくても、強い意思があれば下積みやキープレイヤーの採用、M&Aなどにより能力は獲得できる。これは企業にとっても個人にとっても言えることである。

特に企業が飛び地に参入する際に留意すべきことは、特定の飛び地領域への参入に対して十分な基盤が整っているかどうかである（図3）。ここでの基盤とは、その領域に関する基本的な知識、経験、リソース、関連する能力などを指す。会社が投資意思を持つためには、投資判断をする経営陣や担当者が対象領域について一定程度の知見と初期的なインサイトを持つことが必要だ。このインサイトは経験に根ざしているため、市場規模や事業環境をいくら調査しても、明確な合意形成を図ることは難しい。富士フイルムについても元々医療系等のビジネスはゼロではなく、主力ではないながら事業として存在していた。この意思決定の基盤があったからこそ、大胆な投資を実行できたのだろう。

経験に根ざしたインサイトに基づく投資意思を持ちづらい領域への参入を主張するならば、相当の苦労を覚悟する必要がある。これを説得するための有用な材料は、入念な調査よりも、顧客の購入意思や販売実績である。

図3：飛び地への進出イメージ

飛び地へは1ジャンプで行けない。知識や経験、リソース、関連する能力などの基盤が必要

能力は即時獲得できない

一点注意していただきたいのは、能力獲得には一定程度時間がかかるということである。キープレイヤー採用やM&Aを用いてピースを補完することはできるが、実務的な能力を一瞬で獲得することはできない。**会社は人間らが有機的に絡まって機能する生物のような存在であるため、突然外部から部品を取ってつけたとしても円滑に即時機能するわけではない。**

例えば、販売能力を強化するために元々自社商材を扱っていた営業代理店を買収するという例を考えたとしても、その営業代理店が即時に自社商材の販売量を数倍に増加させるような現象は発生しない。実際には人事制度や営業管理方法に大きな改変が必要になる。部品を集めたあとにも統合させ、機能させるための期間が必要になることは認識するべきだ。

飛び地での能力獲得方法①　下積みとしての参入

新領域において自社は弱い立場にある。まずはこのことを認識するべきだ。たとえ弱い状態でも、少々の利益を出しながら能力を獲得していく方法がある。それが本書が「下積み」と呼ぶ方法である。

yutoriの下積みとしての参入例

yutoriは最初から自社ブランドを作っていたのではなく、メディアというリスクが低いビジネスから参入し、マーケティング能力や売れる製品の見極めと仕入れの能力を獲得した結果、事業を拡大できた好例である。

yutoriは代表の片石氏が「古着女子」というInstagramのアカウントを副業として運営していたことから始まっている。すでに存在する写真をリポストするなど、できるだけコストがかからないように運営しながら、1ヶ月に2〜3万フォロワーを獲得。アカウントを着実に伸ばしていった。

この時代にInstagramを活用したマーケティングの知見とアパレル業界で影響力を持つ人らとのネットワークを構築することができたという。そこから古着の仕入れ販売を開始し、自社ブランド製造へと進んでいくという流れだ。

能力獲得には実務経験が必要

事業に必要なレベルの能力は座学だけで獲得できるわけではない。最初の一歩目として研修や座学から入る方法は大いに奨励されるが、それは実務機会を得るための一歩目という位置づけでしかない。自分・自社を実務の中に置き、事業活動を通じて能力獲得を行わない限り、十分なレベルには到達しないだろう。

実務とは**「考えて作って売る」**経験のことを指す。売る経験をしなくては学べることは極端に少ない。自ら売るからこそ顧客のニーズを深く理解し「これは売れる・売れない」というシミュレーションを頭の中でできるようになるのだ。

下積み期間はとにかく「作って売る」ことが重要だ。雑な商品でもいいから早く販売して売るという経験をするべきだ。学習期間という言葉に甘えて無償の実証実験に終始するべきではない。無償の実証実験を1〜2年間継続した後に撤退するというようなことは珍しくはない。

無償実証実験を通じて事業家としての能力、つまり作って売る能力を養うことは難しい。最初から有償でサービスを提供していれば、たとえその事業から撤退したとしても事業経験という貴重なものを残すことができる。事業から得られるものはP／Lのみ、つまり売上や利益といったわかりやすい数字だけに表現されるものではなく、能力という資産に相当するものも蓄積できるのだ。

この能力を獲得する過程は様々な呼び方で表されるが、意味するところは「事業に必要な能力を養い、一点突破のインサイトを磨き上げる期間」と定義できる。リーンスタートアップでは学習期間と呼ばれ、下積み・修業と表現する人もいる。本書においては下積み期間と呼ぼう。

戦略的下積みの過ごし方

そもそも下積みは、自社の能力がその領域で不足しているから行うものであるからして、参入してすぐに高い成長率や利益創出を見込めるものではない。

このため、能力獲得のための下積み期間は過ごし方によっては大変辛いものになる。上からは「今やっていることは全然効率的ではなく儲からないではないか」「スケールする未来が見えない」「いつまで下積みをしているのだ、次の方針を早く出せ」と詰められやすい。このような批判から担当者や自分を守れる状態を作っておく必要がある。**下積み期間の目的は能力獲得とインサイト発見にあり、収益性にあるのではない。**

収益性の悪さに対する批判からは意識的に経営陣が守る・隠すという対策が必要になる。下積みとして参入する際に、大企業では「なぜ自社がそれをやるのか」という点に焦点が当たってしまうことが多い。その際には社内説得用に「点の能力」を参入の契機として位置づけて使おう。「自社の顧客基盤が活用できる」「保有している特殊な技術を使えば特徴のある商品を出すことができる」ということを社内に向けては強く打ち出していく。ただし事業リーダーは点の能力が勝利を保証しないことを十分に認識し、このメッセージはあくまで社内向けであることを知っている必要がある。

下積みに許されたビジネスモデル

下積み期間に採用するべきビジネスモデルに関しても言及しよう。

まず自社にとって飛び地領域に行こうとするならばリスクの高いビジネスモデルを採用するべきではない。リスクが高いビジネスモデルとはすなわち、自社で差別化されたプロダクトを開発し、経験をしたことがないマーケティング・営業によって販売するというものである。飛び地においてこの戦い方をすることは相当難しい。もしすでに儲かっている先行者も見当たらないようであればさらに高い確率で失敗する。

例えば筆者がyutoriのようなアパレルブランドを作ってくれと言われたらどうするだろうか。独自性のあるブランドなどさっぱりわからない。この状態から独自性を追求することは危険であるため、ひとまず無地Ｔシャツだけ販売する、アパレルメディアを運営するなどから着手するだろう。

下積み段階でおすすめするのは「大成功はしづらいが確実な売上を期待できるビジネスモデル」である。要はスモールビジネスに適しているビジネスモデルだ。 例えば営業代行、マーケティング代行、ＢＰＯ、製作、仲介などである。これらのビジネスモデルは一定品質の労力を投下すれば比較的安定して売上を作れるため、能力獲得につながる経験を得やすい。

例えばインバウンド向けのビジネスに興味を持っていたとしよう。そして自分には全くその経験はない場合のことを考えてみる。この場合はすでに売れている商材のマーケティング代行やホテルのＢＰＯ業務、対象地域のパートナーと接続するビジネスマッチングなどが下積みとしての参入に適している。次に行うなら、稼働率が高いとすでに先行者が立証してくれているホテルの模倣品などになるだろう。

逆にリスクが高いのはインサイトも能力もない状態で、自社で新しいコンセプトの飲食店・ホテルを開店するような施策となる。

筆者は差別化という言葉にとらわれた結果、全く売れない商品を作ってしまう例を何度も目にした。**「差別化されている≠売れる（顧客から見て価値がある）」**を強く意識してほしい。

なんらかの新たな商品を企画する際に「競合比較」という資料で、売れていない企業が羅列され、その企業らとの差を説明するという場面を何度も目にしたことがある。これに何の意味があるだろうか。

特に下積みとして参入するならば基本的に売れているものと似ているが、ほんの少しだけ違うということを目指すべきだ。アパレルの経験がない筆者がアパレルに参入することを考えたときに、全く新しいコンセプトのコートを売ることを初手とするアプローチなどは無謀な取り組みなのだ。知識も能力もない飛び地へ参入し、画期的なコンセプトを発案し、顧客からいきなり大歓迎される、と考えるのはあまりに楽観的である。

さらに言えば、シェアを独占するような巨大プレイヤーが発生しづらいフラグメントな市場（P.136で詳述）においては、顧客が「商品を横並びにしてスペック比較表を見て選ぶ」というプロセスを経ないことが多い。振り返ってみてほしい。自社のコーポレートサイト制作や開発会社選定はどのように決めただろうか。社内稟議上は比較表があることも多いが、実際に多数の会社に問い合わせてスペック比較表を作っただろうか。多くの場合「話しかけやすい関係値があり、聞いてみたら提案をもらったから」という関係性を重視した購買決定となっており、サービスの細かいスペック比較がなされているわけではないのだ。

リスクとスピードのトレードオフ

新領域進出に際して受け入れるべきリスクと進出スピードはトレードオフの関係にある。

スタートアップの場合はスピードを重視し確実性は犠牲にする。スタートアップの決算でよく大きな損失が見られるのはこのためである。スピードのために短期的な収益性の証明を犠牲にしているのだ。

自社が受け入れることができるリスクとスピードをバランスさせなければ、新領域への進出自体が停止してしまうだろう。

飛び地での能力獲得方法②　キープレイヤー採用

新領域への進出機会を拓く事業リーダークラスの人間をここでは「キープレイヤー」と呼ぶ。キープレイヤーを採用することで自社になかった能力を補完できるのだ。

TWOSTONE&Sonsはコンサルティングや M&A仲介への進出を行った際、自社の社員がリーダーになるのではなく、対象事業の経験が豊富なキープレイヤーを外部から採用し事業を立ち上げた。対象とする事業の運営に必要な知見を持っており、十分な推進力があるプレイヤー採用に成功すれば、既存事業の社員を転属させたり手間とコストがかかる M&Aをしたりせずとも、事業を立ち上げることは十分に可能だ。

ただし事業リーダークラスでない人間を採用しても、能力獲得が済んだとはいえない。採用しないよりは格段にいいが、誰でもよいということではない。

TWOSTONE&Sonsの高原氏はキープレイヤーの採用を実現するため、キープレイヤー層との交流を日常的に行い、自社に誘い続けているという。

キープレイヤー層は転職をオープンな場で行うことは珍しく、知人・友人のネットワーク内で転職していることが多い。さらには転職機会を常に伺っているわけではなく、なんらかのきっかけがあって初めて転職するため、長い間アプローチし続けることが欠かせない。

この層にアプローチするためには経営陣自らがキープレイヤー採用に参画することが有効である。

キープレイヤーの採用には時間がかかるが、新領域における有効な能力獲得の手段としては他と比べ

てかなり手軽であるため、常にキープレイヤーへアプローチし続けることを推奨する。

飛び地での能力獲得方法③　M&A

能力獲得のためのM&Aは自社で参入するよりも格段に高速である。下積みやキープレイヤーを採用しての能力獲得にはどうしても時間がかかるが、M&Aは速い。加えて「事業自体が立ち上がるのか?」という不確実性も低く、飛び地における能力獲得手段としては常に有力なオプションである。

スペースマーケットによるスペースモールM&A事例

ここでは能力獲得を目的とした事例として、スペースマーケットによるスペースモールの子会社化事例を挙げよう。

スペースマーケットはレンタルスペース領域におけるマッチングプラットフォームのレイヤーに位置しており、その領域内にはビルオーナー、レンタルスペースオーナー(ビルオーナーから賃借する立場)、レンタルスペース運用代行(レンタルスペースオーナーから委託される立場)などが存在している。自社事業の拡大を考えるにあたり、レンタルスペース領域内における拡大を考えるのは自然なことであった。

レンタルスペース運用代行会社であるスペースモールを自社に取り込むことができれば、レンタルスペース運営を検討している人や会社に対して実務的なアドバイスができると同時に、一気通貫の運営支援体制を構築できる。

スペースマーケットの事業はマッチングプラットフォームであるため、エンジニア、マーケター、レンタルスペース利用のための法人営業が中心の組織となる。

一方、スペーススモールの事業はレンタルスペース運営および運営代行のため、レンタルスペース運営、レンタルスペースオーナー向けの営業が中心の組織となり、同じレンタルスペース領域であっても保有する能力は異なっている。

スペースマーケットがスペーススモールの類似事業を立ち上げることは不可能ではないが、自社で立ち上げるよりも時間、確実性の観点でスペーススモールを子会社化するという判断となった。

元々スペーススモールはスペースマーケットの大口取引先であり、両社の経営陣はM＆A以前より信頼関係を醸成できており、向かうべき目標や仕事の文化を共有していたことも後押しした。

結果的にこのM＆Aは２０２１年６月に実行され、本書の取材時点（２０２４年３月）では両社にとっても成功と言える状態になっている。

本事例からは、M＆Aが事業創出に必要な能力獲得を迅速かつ不確実性というリスクを下げながら行える手段であることがわかる。それと同時に「両社の人員が目標および文化を共有し、信頼関係が醸成できる」のがM＆A成功の要件であることが伺える。

スモールM＆Aの提案

M＆Aは常に一定の不確実性を含む。M＆A先の企業の能力が期待通りでなかったり、文化を共有できなかったりした場合、キープレイヤーの離反や事業計画の大幅な乖離により、大きな減損リスクを抱えることになる。
このリスクをどのように抑えればよいのだろうか。

ここで1つの選択肢として能力獲得を目的とした小規模な会社（スモールビジネス）を買収するM&A「スモールM&A」をおすすめしたい。

M&Aの目的を事業に必要な能力の獲得や新領域へ高速で参入するための参入戦略と位置づけるなら、規模が小さくてもM&Aは正当化される。さらに対象事業の拡大を目指すならスモールM&Aを通じて得られた能力を活用し、大型なM&Aに向けて動いてもよい。中期経営計画に書かれたような売上・EBITDA目標達成に向けたM&Aとは異なる目標を持っているものである。

筆者はこのスモールM&Aというものに何度か携わった。概ね3000万～1億円程度の規模で新たな事業の火種を入手することができ、比較的低いリスクで能力拡大を可能にした。結果、新たな領域へ高速で展開することができた。

大きな留意点は買収対象企業の経営陣ないし社長個人と信頼関係を醸成できるかである。スモールM&Aの対象となる企業の場合、非属人的な事業を行っているところは極めて珍しいであろう（数億円の買収額になろうとこれは変わらないが）。能力の移管を実現する前に社長や経営陣が離反してしまうと、ビジネスが崩れ、能力獲得という目的が達成できずに終わる。このような事態を防ぐために、M&A前の目標共有・文化の相互理解に加えて被買収企業側経営陣にも在籍し続ける理由を用意する必要がある。

買収後の業績に基づいて追加の支払いを行う仕組みをアーンアウト、一定期間経営陣が株式を売却できない制約をロックアップというが、筆者の観測するところでは、在籍する理由がこれだけでは、被買収企業の経営陣がM&A前と同等程度の情熱を持ち続けづらい。被買収企業の経営陣に対しては「自社のみでは実現できなかったことが新体制でできるようになる」という観点を満たす必要がある。例えば新親会社側でのポジションを得て従来はできなかった投資を実行できるようになることや、親会社側のアセットを扱う権限を得るということである。

このように新たな資源・ポジションを獲得せず、従来と変わらない事業で営業利益目標などをハードに追求するだけでは、被買収企業の経営陣が高い熱量を持ち両社が溶け合っていくということは難しいのだ。

スモールM&Aはリスクを抑えながら、すでに立ち上がっている事業とキープレイヤーである経営者を入手することができる。自社の社員を経営陣に参画させ実務経験を積ませれば能力獲得も行うことができるという優秀な手段である。

特に大企業の場合は検討コストよりもスモールM&Aのコストのほうが低い場合もある。能力獲得手段としてのスモールM&Aは大いに検討する価値がある（筆者は2024年現在このスモールM&Aの可能性を示すための買収検討企業側、被買収候補企業両社への啓蒙活動を行っている。興味がある方はご連絡いただければと思う）。

8 M&A・マイノリティ投資の活用

ここでは主にアカツキの事例を見ることにより、企業は新領域進出に向けてどのようにマイノリティ投資を活用できるかを考える。マイノリティ投資は一般的に投資対象企業の株式を、経営権を握らない程度に少数保有する出資を指す。この投資を通じ投資対象企業との提携関係強化・情報の取得を見込むことができる。

またTWOSTONE&Sonsの事例より、既存事業の拡大を目的としどのように自社の能力を活用しながらM&Aを成功させられるかを考えていく。

アカツキの場合――CVCの事例

ゲーム・コミックなどのエンタテインメント事業を主力とするアカツキは、CVC（コーポレート・ベンチャー・キャピタル）として60億円規模のHeart Driven Fundとそれに続く2号ファンドである、50億円規模のDawn Capitalを運営している。その責任者を務めるのが石倉氏である。

CVCとは、企業がスタートアップや新興企業に対して資金を提供し、成長を支援する仕組みであり、戦略的な目的を持って投資を行う組織である。

ＣＶＣ設置の目的

そもそもアカツキは、「世界をエンターテインする。クリエイターと共振する。」ということを掲げる強烈にビジョンドリブンな会社である。ＣＶＣは、アカツキとしてのみならず、このビジョンの実現を追求できればよいと考える創業者の１人、塩田氏の発案により進められた。

体制・ストラクチャー

Heart Driven Fundはアカツキ本体からの直接投資（いわゆるＢＳ投資）であり、２号ファンドであるDawn Capitalは子会社として分離し、１００％アカツキからのＬＰ（リミテッド・パートナー：有限責任出資者）としつつ、石倉氏はＧＰ（ゼネラル・パートナー：無限責任事業者）として参画している。

Dawn Capitalの構造にすることで意思決定は取締役会ではなくファンド内で完結できる状態となり、スピードは大幅に向上した。また取締役会で議論するとゲームやコミックというアカツキの事業へのシナジーを比較的求められやすくなるが、この構造であればシナジー以外の目的を追求しやすくなる。

投資戦略

領域やステージを限定せずアカツキのビジョンを共に実現できる会社、石倉氏の言葉を直接使うなら「自分らがワクワクする会社」へ投資をすることを基本としている。ゲームやコミックへのシナジーが発生する案件もあるが、その限りではない。その結果、通常であればVC（ベンチャー・キャピタル）が関心を持ちづらい企業へ早期に投資実行する体制が整っており、それ自体がリターンの源泉となっている。

結果的に現在成長を続けているLIFE CREATE、その他にTENTIAL、GREEN SPOONへ、早期に投資を実行することが可能となった。

当然ながら投資チームはリサーチやDD（デューデリジェンス：投資先企業の詳細調査）を入念に行うが、最後に悩んだ際にはこの基準に立ち戻ることとしている。

CVCから得られる効果

アカツキにおいても、財務リターン目標はもちろん存在するが、本書においては財務リターン（Financial return）ではなく、戦略的リターン（Strategic return）に注目することとする。

①情報・知見の獲得

ＣＶＣを運営することで入手できる情報量および質は飛躍的に向上した。これは投資前・投資後もそうである。例として、ブロックチェーンゲームに関するエピソードがある。

一時期ビットコイン価格が急上昇した時期があり、それと連動しブロックチェーンゲームも大きな事業になると言われていた時期があった。アカツキはＣＶＣ運営をしていたため、ブロックチェーンゲームの実態に関する情報はシンガポールの会社などからも入手することができた。結果的にアカツキは参入を見送ることとなった。

正確かつ鮮度のよい情報を入手することができたからこそ、自社での参入やＭ＆Ａの可能性も含め適切な判断を行えたのだ。

ブロックチェーンゲームに限らず、ＡＩ、VTuber、メタバースなどに関しても、ＣＶＣを運営していることで入手できた情報は極めて多い。

また、自社の事業に直接的に関係が生まれそうな事業のみならず、飛び地にある会社への投資を通じて情報や知見を得ることが可能となっている。

LayerX社を通じてＢ to Ｂ ＳａａＳの知見を、Ｓａｎｕ社を通じ不動産・別荘の知見を、オルツ社を通じＡＩの知見を入手できている。

投資後も自社が積極的に関与することで得られる情報・知見は非常に多い。マイノリティ投資家の1社として参画し、月次報告を聞くだけでは十分な知見を得られるとは言いづらいが、**共同で事業を推進する者として参画することで、自社では取り組めなかった事業に関する知見を得ることができている。**

②関係性の強化

コミック事業で主要取引先の1つである、フーモア社へ投資を行っている。資本業務提携にすることで関係性の強化を実現できている。

他の会社に対しても投資を通じて関係性の強化が可能となるため、M&Aを行う際の候補を揃えやすいという効果がある。

投資先への価値提供

アカツキからも投資先各社へ価値を提供している。代表的なものを見ていこう。

①専門的知見の提供

アカツキが保有する多くの専門的な知見を投資先に対して提供している。例えば、セキュリティに関する知見がある。アカツキは世界中でゲーム配信を行っているため、毎日膨大なセキュリティ攻撃に晒されている過程で、世界最高水準のセキュリティに関する能力を獲得。投資先に対してセキュリティの知見を提供し、価値の向上を実現している。セキュリティ以外にも多くの専門的な知識を提供している。

②スタートアップの経営知見の提供

アカツキ自身が急成長したスタートアップであり、人事、広報、資金調達などに関する知見を豊富に有している。スタートアップの経営陣にとって、常に専門家に相談できる状態は心強いだろう。

資金調達に関する知見の提供例として、女性を対象としたホットヨガやサーフエクササイズ、ピラティスの店舗運営を主な事業とするＬＩＦＥ ＣＲＥＡＴＥに対する投資事例がある。12期目を迎えたＬＩＦＥ ＣＲＥＡＴＥ社は、売上約30億円、営業利益３億円からの急成長を目指し、それまで年１店舗に留めていた新規オープンのペースを大幅に加速しようと考えた。その際に20億円ほどのキャッシュを必要とした。

ここでアカツキからの投資を実行。さらに融資を獲得するために、石倉氏はＬＩＦＥ ＣＲＥＡＴＥ社代表の前川氏と共に多くの銀行を周り資金調達を支援した。

同社はその後も順調に成長している。これは資金調達という知見の提供事例でありつつ、アカツキにとっては飛び地事業であるビジネスの知見を獲得した機会になったと見ることもできる。

③ネットワークの提供

例えば物販をビジネスとする企業にとって、販売チャネルは極めて重要である。アカツキは大手エアラインやコンビニなどを含む多数の大手企業とののネットワークを有しているため、各領域のキーパーソンの紹介を受けやすい状態にある。

スタートアップが新規クライアントに営業をかける場合、単独での正面突破は難しくても、信頼関係を築いている企業からの紹介を使うことで、物事が円滑に進むケースはよくあるだろう。

他部署からの協力

アカツキで特筆すべき特徴に、社員の多くが投資先支援に非常に協力的である点が挙げられる。上で挙げたセキュリティの例に限らず、自分の業務と直接関係が薄くても投資先の支援にはみな積極的である。

これが実現できているのは、元々アカツキがスタートアップエコシステムの出身であり、そのエコシステムに対して貢献したいと考える企業体質であることが大きな要素の1つだろう。

また石倉氏らは全社・経営陣に向けて、実績および活動に関する説明をていねいに行うことで、ファンドを運営しているからこそ創出できているインパクトを感じてもらうようにしているという。

例えば全社定例でアメリカのVCからアメリカにおけるアニメ・IPに関する投資のトレンドを話してもらうことで、通常業務では接することのなかった知見を社員が得られるようにした。また、GREENSPOON（冷凍野菜スープ販売事業）、Sanu（貸別荘事業）といった投資先企業のサービスをアカツキ社員が特別な条件で利用できるようにすることで、シンプルに投資の意義を感じやすくするなどの工夫をしている。

ファンドが投資している合計110億円は、コミックやゲーム事業を通じて生み出された資金であり、石倉氏らはその運営責任を強く認識している。

投資家としての独自性

アカツキはスタートアップコミュニティから出た大成功事例である。アカツキを知っており、尊敬している起業家は多い。スタートアップのカルチャーをよく理解し、コミュニティに入り込み、幅広い経営支援ができるという点がまさにアカツキの独自性と言える。

ＣＶＣの運営を通じて得られること

マイノリティ投資がうまくいったアカツキは様々な効果を得ることができたが、それぞれ整理して考えてみよう。

情報・知見・能力

自社に経験のない事業でも、ＣＶＣの運営を通じて関心がある領域における情報・知見を得ることができる。本章でも強く主張してきたことだが、企業は自社の能力に強く縛られており、新領域へ進出し能力を獲得するにはあらゆる投資が求められる。そして能力とは、基本的には実務を通じてしか得られない。

新領域を模索するための情報、インサイトを得るための土台となる知見、実務的な競争力となる能力。これらを獲得するために、どのように企業は自社のCVCを活用できるだろうか。

情報、知見、能力それぞれの獲得を区別し考えてみよう。

「仲の良い友人であることと、CVCを運営して株式を取得するのでは得られる情報が違うのか」この問いに対しては多くの業務を通じ繰り返し向き合ってきた。筆者の現時点の見解としては以下である。

①投資前

投資前の段階であっても、特定領域へ投資していることが知られれば、大量の情報が舞い込む。投資を行っていない場合とは大きな差があり、投資家という立場を積極的に利用し、プロモーションすれば自社が情報の交差点になれる。筆者の経験上、起業家側が交渉力において有利な領域を除けば、投資家の立場は国内外を問わず極めて強い。ただし他VCのフォロー投資（リード投資家と呼ばれる投資家が他の投資家と比較し、大きな金額を投資しながら自分以外の投資家にも投資を促す。リード投資家以外はフォロー投資家として比較的少額の出資を行う）を基本とし、投資案件獲得に積極的に関与しない場合、得られる情報・知見は限定的である。

②投資後

投資前に内部の情報が得られる関係性は極めて緊密であり、少数に限定される。資金調達や経営方針など、重要な意思決定に関与するとなればなおさらである。自社が事業を行ってはいないが興味はあるという領域において、戦略的に関係性を作ることは非常に難しい。

投資後、株主は通常共有されづらい粒度の詳細な情報やネガティブな情報を含めて受け取ることとなる。投資家向け報告に限定せず、望めばオブザーバーシート、保有比率が高ければ取締役を派遣することが可能であり、積極的に動けば多くの情報にアクセスできる。

投資前・後を問わず、積極的にその立場を利用する姿勢でなければ、一般的な財務リターン以上のものは期待できないだろう。

能力については実務に関与し、初めて獲得機会を得る。外部から見て情報として知っていることと、自分たちで運用することは全く別と捉えるべきだ。アカツキではセキュリティや資金調達業務に一定関与し、部分的な能力を手に入れている。筆者の事例ではあるが、投資先に対して「勉強をしたいから営業同行させてほしい」「丁稚奉公をさせてほしい」と依頼し、飛び地における能力獲得を行うことも可能である。

関係性の強化

必ずしも株主でなくとも緊密な事業提携は可能である。筆者の過去経験を考えると、株主になることで、**特に投資を実行する側の立場からのコミットを示し、社内でも他の会社ではなく投資対象と連携する説得性が増すため、緊密度合いは加速する。**

ただし投資を受ける側からすると、例えば株式を0・5％保有していたからといって、自社の戦略を捻じ曲げるほど特別扱いをするものではない。

さらにいえば投資前には全く実現していなかった提携関係が、投資実行後に生まれるという保証はない。経営陣同士で話が盛り上がったからといって、営業や開発現場で連携が進むわけではない。絵に描いたような戦略的シナジーが実現しないことは、マイノリティ投資に限らず、M&Aでも非常に多い。その一因は、現場のオペレーションまで考えが及んでいないことにある（参考として、石油業界など寡占化された市場においては投資時点で他社との協業を禁止する条項が入る場合もある。投資家側の立場が強く、なんらかの特殊な条件を期待する場合、資金使途等特記事項を入れられることもある）。

体制・ストラクチャー

①ストラクチャー

Heart Driven Fundはアカツキからの直接投資（直接投資であるがプロモーション上の都合でCVCを名乗るケースもある）であったがDawn Capitalは子会社化しており、個別の投資検討に関する意思決定はアカツキの取締役会から独立している。アカツキ取締役会としては50億円規模のDawn Capitalを設立し、石倉氏らを含めた体制を承認することおよび、四半期毎の定期的なモニタリングが責務となる。

この体制にすることで判断スピードの向上および既存領域に縛られない判断が可能になっている。傾向としては、既存事業に対する貢献を重視するのであれば本体からの直接投資、領域に縛られない機動的な判断を重視する場合は法人を独立させることになるだろう。

②体制

Heart Driven Fund、Dawn Capital両方でキーパーソンである石倉氏が強い責任感を持ち長期間コミットしているという点は重要である。

例えば経営陣は4～5年の任期で変更になり、主要責任者が2～3年で変更されるという体制だと、ＣＶＣ運営から十分な効果を得ることは難しくなるだろう。ベンチャー投資が財務的なリターンを得るには一般に7～10年という長い時間を必要とする。戦略的なリターンに関しても投資関係者らのネットワークに入り込むには時間を必要とし、得られた知見を事業に活用するにしてもやはり時間がかかる。特にベンチャー投資においてはスタートアップエコシステムにおけるネットワーク構築は極めて重要であり、重要な情報の多くは投資家間の閉じられたコミュニティでやり取りされている。任期2～3年の一担当者の立場では、このネットワークに入り込むことは難しい。

短期間で明示的な成果を強く求められ、会社の投資戦略・担当者も頻繁に変わるとあっては運営自体が難しくなることも多い。長期間、経営陣としても主要責任者としても一貫した方針を続けることができるのかという点は、ＣＶＣ設立の前に問う必要がある。実務的には経営陣は任期の都合などで変更になるので、一貫した投資方針を保つためには、責任者は入念な社内向けの説明を継続する必要がある。

投資戦略

自社はなぜ他社にはできない投資を行いリターンを期待できるのか、という点は投資戦略として明確な必要がある。アカツキの投資戦略においては、ＶＣとして必要な体制やネットワークを持っていることもさることながら、何よりもまず注目すべきなのは「ワクワクするものに投資する」というコンセプトだろう。

この「ワクワクする」を深く解釈する必要がある。エンタテインメント事業の素人が「ワクワクする」と表現していると、単なる個人の感覚という域を出ない。しかし「ワクワクする」をビジネスの中核に据え現在まで成長してきたアカツキがいうと、「ワクワクする」は、多くの背景知識がある前提での重要な成功要因であると考えられる。

第2部で詳しく解説するが、背景知識と目の前の事象を組み合わせて導出されるインサイトは、背景知識を共有していない者とは共有できない。「ワクワクする」はこのインサイトに相当する感覚である。

この投資方針を取ることで、通常であればVCが評価しづらいが成長を続ける事業に投資をすることが可能となっている。一般的に考えれば、店舗ビジネスはITなどと比較し、出店のための時間と費用を必要とする上、大規模に人を雇う必要があるため、指数的な成長を見出しづらいとしてVCに人気といえるビジネスモデルではなかった。

しかし、アカツキでは店舗ビジネス主体のLIFE CREATE社に対する投資を早期に実現している。石倉氏は「結果的に非合理な意思決定の案件が高いリターンを出している」と言う。この感覚があるからこそ、他社では見抜けない投資機会を早期に見抜けているのだ。

ここまで説明したような「他社には見出せない投資機会を見出す」という戦略と同時に、「既存事業とのシナジーを活用してバリューアップを図ることでリターンをもたらす」という戦略も存在する。

本書で取り上げた事例では、yutoriが好例だろう。yutoriは2020年、株式の51%を取得したアパレルD2C大手のZOZOの傘下に入り、チャネルや融資獲得面でバリューアップを図ったのち、

2023年に上場を実現した。

古い例ではＧＲＥＥに対してＫＤＤＩが出資し、携帯電話向けのサービスを強化し成長を実現した事例もある。

投資を受けるスタートアップと親会社となる会社では意思決定のスピードや文化が大きく異なる。あまりに緊密な連携を実現しようとすると、スタートアップの強みである機動力が犠牲になってしまうため、一定程度疎な連携（密な連携の逆）であることが望ましいと筆者は考えている。例えばＲ＆Ｄ（Research and Developmentの略＝研究開発）の連携の場合、緊密な連携が必要になることが多いが、チャネルの連携であればある程度は疎な状態にすることができるためスピードが犠牲にならない。戦略的に疎である状態を選ぶならば、例えば、スタートアップが魅力的な商品・サービスを開発し、親会社側が販売・マーケティングを担うという構図が成立することが望ましい。

投資先への提供価値

ＣＶＣ設立を検討する際に間違いなく議論になることは、投資先企業へ資金以外の何を提供できるのかという論点である。

①重要な能力注入によるバリューアップ

既存事業が保有する重要な能力の注入を行い、バリューアップを図れるのであればわかりやすいだろう。この際にはその能力が競争力に直結する重要な能力であること、すなわち本書でも繰り返し述べている「マーケティング」「営業」「企画」「製造」「マネジメント」という観点で価値提供を行うことである。

また、絵に描いただけの状態で終わらないよう、経営陣同士の合意に留まらず現場責任者同士が合意している必要がある。この方法は両社に大きな工数を強いるため、株式の保有比率が高くない全ての会社に実行することは難しい。保有比率は両社が積極的な協業に向けた意思を持つに値する水準である必要がある。

②知見・ネットワークの提供

このような価値提供以外にも、アカツキの事例を参照すると多くの価値提供が可能だとわかる。例えばアカツキではセキュリティや経営に関わる知見の提供およびスタートアップが自社で獲得するには時間がかかるネットワークを提供している。筆者も個人投資家から投資を受けた経験があるが、定期的な投資家向けミーティング実施による良い意味でのプレッシャーがあること、悩んでいる重要な課題に対するヒントをもらえること、ネットワークの提供を受けられることはそれぞれ大きな価値となる。

TWOSTONE&Sons
――M&Aを通じた既存事業の量的拡大の事例

TWOSTONE&Sonsでは主力事業であるエンジニアマッチング事業の量的な拡大を目指し、M&Aを積極的に行っている。同社がM&Aを通じて再現性の高い成功を期待できるのは、「営業」と「マネジメント」というエンジニアマッチング事業に関する自社の能力を注入すれば、バリューアップを実現しやすい、という自信があるからである。

買収した企業に対して営業体制と採用の強化を行うことで着実なバリューアップと自社の経営体制への統合を実現している。

TWOSTONE&Sons事例からの学び

M&Aは事業拡大を迅速に実現するための有力なオプションである。自社の能力を存分に活用しやすく、経営体制に統合しやすい類似事業であれば常に積極的に検討するべきだろう。

「非属人的なオペレーションを確立している」「EBITDA（利息、税金、減価償却前利益）倍率X倍以内（Xについては内部情報）の価格で買える」「明確な強みがある」「自社が注目している領域内にある」というような理想条件を並べることは可能だが、これらを満たそうとすると、買収の実現可能性は大きく減少していく。

筆者の経験上、比較的若い企業かつ買収金額10億円以内の案件で「非属人的なオペレーションを確立している」という会社は相当少ない。成長を作り出す原動力は経営陣や社長個人にあり、それを抜きにしても価値が変わらないという会社を条件とすると、理想を追い求めすぎではないだろうか。

「属人的でもよいので、強い信頼関係を結ぶことができる経営陣が率いている」というように条件を変更すれば対象企業数は格段に増える。

第3章 事業領域の評価

さて、ここまで自社の能力という観点から進出するべき領域について考えてきた。第3章では、進出先として検討に挙がった領域が「有望なのか・否か」についてどのように評価すればいいかを解説していく。

また、対象領域について実業家らはどのように調査しているのだろうか。この点についても具体的方法を紹介していこう。鮮度の高い情報は、事業を成功させる大きな武器になる。

1 調査を通じた事業領域の評価

自社の領域選択には多くの観点があるが、筆者が特に重視しているのは、

□ 能力との距離
□ 社内の支持
□ 市場規模（市場環境・成長率）
□ 競争環境
□ 構造変化の発見
□ 初期的インサイトの存在

である。ここでは調査を通じた情報である程度把握可能な「市場規模（市場環境・成長率）」「競争環境」「構造変化の発見」について主に解説する。

補足として、「社内の支持」は説得により一定程度変えることができるが、直感的に「なぜそれをやるのか？」という疑問が湧いてしまうような領域への進出に向けて会社を力強く突き動かすことはかなり難しい。社内の直感と大きな乖離が生じないことも、社内の資源を効率的に使うには重要である。

前提：「市場」という言葉の定義

本書においては以下のように言葉を定義している。

領域

一定の条件で定められた事業の境界線内のこと。一般的に用いられている境界線でなくともよく、すでにサービス・商品の売買が発生していなくても構わない。

市場

領域内でサービス・商品が売買されており、かつ一般的に用いられている境界線内のこと。

市場とはなんとも捉えづらい概念である。「英語教育市場」といった場合、英語教育に関わる商品・サービスが多く存在し競い合っている状態を指す。これらの商品・サービスを顧客が選び、価格が調整されながら売買が行われている状況が市場である。

「領域」という言葉との違いは「ある条件で定められた領域内で売買がされている」ならば市場と言って良いということであろう。

ここでの問題は「どの程度の領域の広さであれば市場と名付けるべきか」という境界線についてである。

例えばマンツーマン英語教育指導は1つのカテゴリなのか、それとも市場と名乗っていいのか。これは人により解釈が異なる。

カテゴリを細かく区切れば多くの人が「市場を作った」と名乗れるため、市場の定義を細分化する傾向にあるが、その定義付け自体に意味はない。

「市場は事業を始めた当初は全く無かったが、我々がゼロから作った」という主張に対しては注意してほしい。市場という概念を有用なものにするには、細分化しすぎてはいけないのだ。市場という考えに意味があるのは、合意形成された市場の定義が存在し多くの人が同じ定義を使うことによってデータが豊富に得られるようになるからだ。

1人で市場の定義を行ったとしてもその定義は意味を持たない。戦略策定という文脈で意味のある「市場」の条件を定義するならば、一般的に使われている境界線でありデータが豊富に存在するということになる。

市場規模の活用

市場規模とは一般に顧客が特定の商品・サービス群に対して使った金額の一年間の合計金額を指す。サービス提供者の側から見れば特定の商品・サービス群の売上合計となる。

市場規模は「売上の上限値を示してくれる数値」として活用できる。

岡田氏の「英語学習事業」を例に考えてみよう。

岡田氏が基本的なターゲットにしているのは英会話スクールであり、その市場規模は約1650億円である。簡易に解釈すれば、売上が１６５０億円を超えるのは極めて困難である。それどころか英会話スクール市場のみを対象と考えれば10％に相当する１６０億円を獲得するということは、非常に高いシェアを意味する。

さて、これが例えばヒンディー語スクールビジネスを選択したならプログリットは今と同じ結果を得られたであろうか。これは相当困難であろう。

高橋氏もカーリース事業を選択したのは市場規模が大きければ、成長可能性もその分大きいと判断したからである。

情熱起点でビジネスを始めるにしても小さな市場を選択した時点で、その将来はかなり決定される。岡田氏にとっての英会話スクール市場も、片石氏にとってのアパレル市場も、自社が望む売上に対して十分大きかったのである。

市場規模の限界を超えることはできるか

市場規模の限界に対して「ヒンディー語を学ぶという価値は凄まじく高く、自社が啓蒙をすれば市場規模自体を拡大できる（よって現状の市場規模は重要ではない）」という類の反論は実は多い。

たしかに市場規模というものは環境により大きく変動し、それ自体を伸ばすのは不可能とまでは言わないが、自社の努力で実現したいなら相当に大規模な投資と不確実性を覚悟する必要がある。例えばライドシェアを市場と定義し、その拡大を促すには巨額の投資が必要になる。その覚悟と共に市場規模を拡大するという言葉を述べているだろうか。

比較的小さなコストで市場規模そのものを伸ばすことができるのであれば、企業は熾烈な競争を繰り広げずとも小さな市場を選択し、その市場を伸ばすことで成長できる。しかし現実としては、このような例は稀である。市場規模自体を伸ばすためには「無消費層」を啓蒙して「消費層」に変えさせる必要があるが、それには決定的な製品企画能力、販売能力が求められ、必然的に大規模な投資が前提となる（ただし大規模な投資が市場規模拡大を保証するものではない）。

実際によく見られるのは「現時点では小さいが、急成長するであろう市場を選択し、早期参入したら実際に市場が成長した」というストーリーである。基本的に、市場規模とは相当大規模な投資がない限り自社が操作できるものではなく、環境変動により変化すると捉えるほうが現実的である。

構造変化

構造変化とは、ある業界や市場において根本的な変化が起こり、需要や顧客の行動が大きく変わることを指す。市場環境は常に変化し、顧客の行動もそれに合わせて変わっていく。企業も変化に適応し続けなければならないが、組織の規模が大きければ大きいほど変化への対応は難しい。大きな環境の変化と既存プレイヤーたちの環境への適応の際にはどうしても隙が生まれる。この間隙をつくことが、新規参入者の基本的な戦略となる。

構造変化が新規参入機会を生む

フリーランスのエンジニアと企業のマッチングサービスを行うTWOSTONE&Sonsの高原氏は、企業がエンジニアを利用する際の選択肢に請負開発、派遣契約、準委任契約、正社員がある中で、準委任契約を選択することが企業にとって合理的であることを早期に見抜いた。準委任契約は、エンジニアが一定の業務を遂行することを約束するが、具体的な成果物の納品を求められない契約形態である。企業側も業務内容を柔軟に変更できるため、企業にとっても活用しやすいという特徴がある。

その結果、準委任契約型のエンジニアマッチングに注力していたTWOSTONE&Sonsは準委任契約で働くエンジニアの増加に伴い、自社を成長させることができた。

構造変化により需要が成長するならば、詳細な調査をする前から多くのインサイトの発見が期待できる。需要が伸びているということは、顧客インサイトの要件である「顧客が深刻に欲しがっているものがある」を明確に認識することが可能であり、既存の商品・サービスはその変化についていけない場合がほとんどである。そうすると新規参入者への機会が生まれる構造になる。

この構造変化を見抜き、需要を持っているであろう顧客と対話すれば、競合よりも早期にインサイトが発見できる可能性が高い。これは高原氏であれば準委任契約の成長、ナイルの高橋氏であれば自動車購買行動の変化、スペースマーケットの重松氏の場合はスペースシェア市場の成長を捉え続けているという例で特に顕著に見られた。

構造変化を早期かつ正確に察知する

構造変化を捉えるにはインサイト発見と似た考え方が必要となる。例えば高原氏の例であれば顧客との対話を通じ、準委任契約の需要が強いことを発見する。自身の背景知識と照らし合わせることで、構造変化が発生していることを察知できる。

これは目の前の事象と背景知識を組み合わせて推論を行うプロセスである。その推論が正しいかどうかはマクロなデータから立証できることもあるが、できないことも多い。その際は自分の構造変化に対する推論を信じる必要がある。

注意してほしいのは、構造変化の規模と時期を見誤ると大きな失敗につながる点だ。例えば重松氏が顧客や利用者と対話をせず、媒体に掲載されている記事を見て「スペースシェアが今後普及していくだろう」と考えこの領域に進出したとしよう。

5年間成長しなかったらどうか。5年間という期間は熱意を失わせるには十分過ぎる時間である。構造変化が起きると考えてそこに賭けるなら、**熱意が持続する期間（筆者の感覚では長くて2年）にその変化が大規模に起きなければならない。**「いつかは」そうなるという考えは事業の助けにはならない。**構造変化の時期と規模を見誤り実に多くの会社が「いつかは」と言いながら失敗していった。**

すぐには着手しないが、構造変化を確信したタイミングで本格的に参入に乗り出すべく、実業家たちは常に情報を収集している。構造変化がないにもかかわらず無理に参入を進める必要はないのだ。

長期的な構造変化を捉え続ける

構造変化が長期間持続的に発生するならば、事業に取り組む中でインサイトはさらに多く発見することができ、複数事業を連続的に立ち上げることが可能となる。

yutoriが「Z世代の購買行動の変化」という構造変化を捉えていると考えれば、アパレル事業の成功からコスメ事業の立ち上げは大きな構造変化の波に乗った一連の行動と捉えられる。アパレル・コスメ以外にも購買行動に変化が発生しており、yutoriの能力で捉えることができる市場があれば、常に新規参入機会を持つことになる。yutoriは購買行動変化の大波に乗り続けている企業と捉えることができるだろう。

会社を長期間繁栄させたいのならば、大きな構造変化に乗り続けることを志向するべきだ。ネット広告市場の勃興という構造変化はサイバーエージェントを生み、スマホの普及という構造変化はアカツキを生み、それぞれの会社は複数の事業を立ち上げ成長していった。これは大きな構造変化を捉え、乗り続けられたからと解釈できる。**変化は常に機会を生み続ける。**

構造変化の中で発生する事象

構造変化の中では、変化前の王者は高い確率でその変化をある程度逃す。組織構造を変化させることのストレスが大きい企業は、資本業務提携やM&Aを通じその変化を捉え、新規参入者を阻もうとする。

新規参入者は大企業に対して株を売却するというオプションを取ることもでき、成功すれば比較的高値で売れる。大企業にとっても戦略的に必要性が高いため高額なバリュエーションを受け入れる。この結果、高額なM&A事例が目立つ。

ネット広告勃興の歴史を振り返ると、電通が2007年にオプトの筆頭株主となり、2022年にはセプテーニを買収した。構造変化が変化前の王者にどのような行動を迫るのかを見て取れるだろう。

フレームワークは使うべきなのか

実業家たちが意識的にフレームワークを活用したという例を見ることはほぼない。実業家らが実際にPEST、5forces、SWOT、ビジネスモデルキャンバスなどを使うのはビジネスを作り出す過程ではなく、ほとんどの場合で補助金申請、銀行・投資家向け説明などのコミュニケーション用である。

フレームワークを埋めようとすると多くの工数が発生する割に得られるものは少ない。例えば高橋氏に対してPEST分析を要求すると考えると「賃金のトレンドは見ましたか(Economy)? 今後自動車業界はCASEと言われる変化があると言われておりますがそれは調べましたか(Technology)?」と問うことは可能であるが、事業成長にとって意義のある戦略を導出する可能性ははたして高いだろうか。

構造変化を発見することが目的であればPESTフレームワーク全てのマス目を埋める必要はな

く、構造変化を引き起こす一点の要因を見つければよいということになる。

視点に関するヒントや企業内の共通言語程度としてはあってもよいが、フレームワークを埋めることを義務とするなら、少なくともフレームワークの原典を読み込み、その意義と精神を十分に理解する必要がある（その意味では5 forcesという言葉を用いるならば『マイケル・ポーターの競争戦略』などは必読書だろう）。

そうでなければフレームワークは初心者向けの補助ツールというより、無駄な調査工数を増やすだけの害に転じる。フレームワークを導入する（要は答えるべき論点を増やす）ことではなく、答えるべき論点を絞ることに注力するべきだ。

これはフレームワークに対する批判ではなく、その理解の不足によりマス埋めをすればよいと考えることに対する疑問である。経営に関する本は非常に勉強になるものも多く、ぜひ参考にしていただきたいが、書籍に書かれた理論を十分に理解すれば単純なマス埋め作業にはならないはずだ。そもそもフレームワークの提唱者としてもその背景にある理論を読まず使われることをよしとしないだろう。

本書の見方としては、経営者が「自社の能力」「対象領域」「投資意思」と共に、「投資を実行する際に重要と考える論点」を絞って発信し、社員らへインサイト発見を促すというプロセスを経るべきではないかと考える。「投資を実行する際に重要な論点」は多すぎてはならない。特に重要な論点は多くて5つ程度に絞るべきである。

競争環境

競争環境を調べる目的は、**どのようにすれば対象市場内で勝てるのかの初期的なインサイトを得ることと、競合の強さを把握することにある。**

代表的な企業調査

競争環境を調べようとすると切りがないが、簡単な調査は戦略策定に大いに有用である。特に次に挙げる項目を調べると市場のルール（要はどうすれば売れるか）を正しく把握できる。調査も簡単なので非常におすすめだ。

□ 上位の企業はどこか？
□ 上位企業の売上・利益はどの程度か？
□ なぜその企業は上位なのか？
□ 急成長している企業はいるか？
□ なぜその企業は急成長できているのか？

代表的企業調査を通じて得られるもの

代表的な企業を複数社調査すれば**「どのようにすれば売れるのか」「競合はどの程度強いのか」**に関する初期的な情報が得られる。

企業が上位にいる・成長しているという事実は、顧客から評価されるなんらか（購買決定要因）を持っていることになる。対象企業のＩＲ情報、採用ページ、体制図を見ればどのような能力を持った組織なのかおおよそはわかる。

本調査はあらゆる調査を優先させて行うことを推奨する。なぜなら信頼度が高く、戦略に対して直接的な影響を及ぼし、かつ調査が簡単だからである。デスクトップリサーチで得られる情報であれば１日もかからないだろう。

第２部で詳しく説明するが、上位企業が持っている購買決定要因を自社がより上手に満たせるのならば**「先行者インサイト」**を発見したと言える。上位企業の購買決定要因以外で顧客に売れる何かを見つけたなら**「顧客インサイト」**の発見ができたことになる。

注意してほしいのは、**競合調査として自分が考えている類似アイデアのプレスリリースや極めて小規模な企業を並べるということである。これらを列挙して「競合は弱いので勝てます」「類似の競合は見つかりません、ブルーオーシャンです」という主張は何ら意味を持たない。**顧客が求めていない製品のスペックで勝っても何の意味もないし、類似アイデアを実現する競合が存在しない理由が「役に立つ製品を作ることが不可能だから」では、全くポジティブな材料にならない。自分が参入しようと考えている市場において**売れている企業を中心にヒントを探すべきだ。**

市場特性の考慮：分散度合い

取るべき戦略は、市場が分散した市場なのか、それとも統合した市場なのかによって大きな影響を受ける。市場の特性が自社の基本的な競争戦略と適合しているのかを知っているとよいだろう。

シェアの分散度合いはどのような影響を競争戦略に対して及ぼすのかを考えてみよう。

分散した市場・統合した市場

例えば工作機械、医療機器、半導体製造装置、検索エンジン、OS、プラットフォームのように限られた会社が寡占的に大きなシェアを持つ市場と、外食、教育、人材、アパレルのように小さいシェアを持った企業が大量に存在する市場では、競争戦略は異なる。

日常的な用語ではないが、市場シェアの分散度合いは分散が大きいとフラグメンティッド（分散、Fragmented）、分散が小さく少数のプレイヤーに独占されるとコンソリデーテッド（統合、Consolidated）と呼ばれる。

ここではそれぞれに対して便宜的にフラグメント市場・コンソリ市場という言葉を用いる。

分散する理由

事業を成長させるということは対象市場内でのシェアを高めようとすることだ。それでもなぜフラグメント市場はフラグメントなままなのだろうか。マクドナルドはなぜ外食市場の50%を取ることができないのだろうか。なぜリクルートマネジメントソリューションズは研修市場の50%を取ることができないのだろうか。

分散する理由は様々であるが、調達網や商圏が限定されるため分散せざるを得ないという距離的な制約、店舗を持たなければならないという不動産の制約、分散した人間の好みという心理的な制約などにより、分散された状態が続くことが多い。この構造に対してテクノロジーや規制の大きな変化が現れる際には、巨大ビジネスの登場機会となる。例えばECの登場は地域性により分散した小売の淘汰を行い、巨大ECモールが発生したようにである。ECは従来のショッピングモールが持っていた商圏の制約を突破させることに成功した。

心理的な理由で分散している場合は、特定のコンセプトだけで高いシェアを実現することが難しく、規模の拡大を目指すには本書の事例でいえばyutori、世界的な例であればLVMH、飲食大手のすかいらーくのように、複数のブランドを束ねるホールディングス型の経営をすることになる。

分散度合いごとの競争戦略

戦略を描くには、その市場が持つ分散の特性を事前に知っておく必要がある。これを知らないと決定的に誤った戦略を描くことになる。

コンソリ市場では複数の勝者を安定して存在させることができず、よく言われるWinner takes all（勝者総取り）となるため、その椅子を巡って熾烈な争いが繰り広げられる。

Uber、TikTok、メルカリなどが大量の資金投下を行い、競合に対する強烈な競争意識を持ちながらシェアを取りに行ったのは、王者になるか負けるかの選択肢しかないからである。顧客セグメントの棲み分けを行い、複数の企業が安定して併存する状況が起こりづらいため、大きなリスクを犯してでも短期間で勝ち切る以外の選択肢を持たないのだ。この特性を持った市場に対して参入するのに「自社の強みを活かして棲み分ける」という選択肢を見つけることは難しい。**コンソリ市場においては多くの資源を調達し、限られた椅子を巡って、正面から戦うことを基本戦略とする必要がある。**

心理的な理由で分散しているフラグメントな市場であれば、徹底的に1つのコンセプトを追求し、そのコンセプトが共感されればビジネスは成立し安定する。必ずしも資金調達合戦に参加しなければ生存できないわけではない。拡大への防壁は自社をも守る防壁となる。人口が少ない都市では小規模な八百屋が生き残れる理由である（空間的な防壁、店舗が持つ商圏の限界により守られている）。だからこそyutoriやプログリットは大きなエクイティファイナンス（資金調達）を行わなくても成長を続けることができた。

フラグメント市場においてはyutoriに見られるように、**特定の領域に特化し領域ごとの個別の競争に高速・高効率で勝ち続けることが基本戦略となる。**

2 対象領域の調査方法

正確かつ鮮度のよい情報を仕入れ続けることを、実業家らは極めて重視している。調査方法は数多く存在するが、ここでは実業家らが実際に行っている方法について簡単に説明する。

対象市場・顧客に関する知見を持つ人に聞く

鮮度も質も高い情報を手に入れる一般的な方法は、対象領域に関しての知見を持つ人に実際に聞くことである。専門家や業界関係者、顧客、協業先の候補など様々な対象が存在する。それぞれどのように接近すればいいか見ていこう。

専門家・業界関係者

対象市場に詳しい業界の経営者や投資家などで構成されているコミュニティから得られる情報の価値は高い。ここから得られる情報は対象領域選定や先行者インサイトにつながる重要な情報となる。特に自社や自分自身が投資関係者であれば、入手できる情報の量と質は格段に向上する。これが

ＣＶＣを持つ大きな理由の１つでもある。

筆者が知る限りでも、このようなコミュニティ経由で得られる情報を重視している実業家や投資家は多い。本書に登場する実業家たちはもちろんだが、中でもTWOSTONE&Sonsの高原氏は、経営者・投資家らのコミュニティで情報を仕入れ、多くの企業の情報に関する知見を得ている。経営者・投資家のコミュニティでは外部に開示されない情報が大量に議論されているのだ。

コミュニティというものはあまりに重要であるため、ポイントを３つほど簡単に説明しよう。

①コミュニティに貢献をする

貴重な情報をコミュニティにもたらすとそれは新しい貴重な情報となって返ってくる。新たなコミュニティに招待される機会も多くなる。逆に登場するだけで情報取得だけを繰り返す状態だと、コミュニティに呼ばれなくなる日はそう遠くはない。高原氏のように自らが入手した知見を積極的に共有することで、自らもそのリターンとしての情報を得ることができる。

②発信をする

自分が何をしたいのか・何に取り組んでいるのかを発信することによって良質なコミュニティに誘われる確率は格段に上がる。例えば筆者は「Ｍ＆Ａ関係の事業により取り組みたい。このような切り口であれば独自性があると考えている」と発信を続けていたところ、多くの人の紹介を受けることができた。方針を発信することにより、重要な人物と出会う機会を引き込むことができる。

③実績がある人らの内部に入る

コミュニティといっても誰とでも話せばいいというものではない。それでは疲弊するだけだろう。自らが実績のある人物になる・独自性を持つことによって、事業に対する知見が豊富な人たちの内部に入っていくことができる。高原氏が情報交換をしているのも実績のある経営者や投資家が主であって、誰とでも会っているわけではない。

岡田氏は英語業界に参入する際に業界内部の人間と対話機会を持ち、競合の強さや慣習を把握していった。筆者の場合、知見のない業界に単独で新規参入するときは、アドバイザーと共に進めることも多い。知らない業界の水先案内人であるアドバイザーと共に進めば、単独よりも格段に早く進める。時間が重要と考える場合は良いアドバイザーを探すとよいだろう。

調査がかなり初歩的な段階であれば、デスクトップサーチに加え、業界内部で勤務している人と話す、展示会に赴くなどして対話をするとよいだろう。

協業先候補

対象領域において、協業し得る企業から情報を得よう。例えば、ナイルの高橋氏は自動車業界に興味を持ったタイミングでディーラーやリース会社など協業先となり得る会社にアポイントメントを取り、自らのアイデアをプレゼンする機会をもった。そのようにして、対象領域で先行して事業をしている協業先候補の企業からフィードバックを得ていくのである。**アイデアをプレゼンし、フィードバックを得るという方法は極めて有効な情報取得手段である。初期的なアイデアがすでにあるならば真っ**

先に行うとよい。

高橋氏の場合は協業先は共同で商品を作るリース会社となったが、筆者が大企業向けのシステムを作った事例では、販売パートナーとなるＳＩ（システムインテグレーター）と協議しながらサービス像を練り上げていった。**ＳＩは顧客に対してサービスを売り慣れているため、顧客内部状況に関する詳細な情報を持っており、かつ自社の新規事業創出にもつながるため、新サービスに関する議論に付き合うインセンティブを持つ。**

相対的には、顧客は何度も議論に付き合うインセンティブを持ちづらいため、複雑なサービスを企画する際はＳＩのようなパートナーと議論し、サービスを練り上げる方法が有効だ。

顧客候補

顧客について最も詳しいのは顧客自身である。

すでに顧客にプレゼンできるアイデアがあるならば顧客となり得る人物にアポイントメントを取り、フィードバックを得るとよい。この際に注意するべきは反応に対する解釈である。**「いいですね、この課題には本当に困っていて、発売されたら買いますよ」という反応をそのまま受け取ってはならない。**

やや憚られるかもしれないが、以下のように質問してみよう。

□ 課題に対して本当に困っているということは、その解決に向けてなんらかの取り組みを行っており、それに対して時間を使ったり対価を払ったりしているか（支払い意思の確認）？

□なんらかの取り組みをしていたり、サービスを買ったりしている場合はどのような検討プロセスを経てそれにしたのか（情報チャネル、購買決定要因の把握）？

この質問をすることで回答の信頼度は格段に上がる。そうでなければ「痩せたいと思っている（何もしていないが）」「英語を上達させたいと思っている（何もしていないが）」という回答を「ニーズがある」と解釈してしまうことになりかねない。筆者もこの場面には非常によく出くわす。顧客の反応をどう解釈するかは、文字にはしづらい非常に感覚的なものである。**事業リーダー自身が顧客との対話を通じて感じ取る必要がある。**

抽象的な表現にはなるが、対話を繰り返す中で顧客の感情に共感できるようになり、なんらかのアイデアを考えた際にも「あの人はこういった反応を示すだろうな」と頭の中でシミュレーションできる。

人間や法人が新しいものを買い、日常に溶け込ませるには強い理由が必要だ。「自分自身が最近3ヶ月で購入し、習慣として定着したものは何か。なぜそれを購入したのか」と考えてみよう。どの程度の動機が必要かの感覚を理解できるだろう。

デスクトップリサーチを行う

デスクトップリサーチは書籍・文献・webで簡単に仕入れることができる情報を用いた調査方法

である。ここで重要なのは、**デスクトップリサーチは簡単で時間を取らないことに意義がある**、ということだ。

対象領域の調査でデスクトップリサーチを行う時間の目安は、長くて1週間と捉えている。なぜならデスクトップリサーチで得られる情報量は多いが、インサイトを得るには至らない表面的な情報が多いからである。デスクトップリサーチを3ヶ月継続したとしても、事業リーダーが高い情熱を持つに至るインサイトに巡り合うことは難しい。これにはそもそも人間は文章・資料だけでは心を揺さぶられないという感情的な理由もあるだろう。

事業立ち上げの必須要素に事業リーダーの熱意がある。他人が作成した資料から得られる情報だけでは長期間持続する熱意は形成しづらい。だからこそ事業リーダーが積極的に顧客と話すというプロセスは、情報取得の面のみならず、感情面からも必須といえる。

ただし、これはリサーチを疎かにしてもいい、ということではない。実業家らは驚くほど自社が置かれた市場の状況を把握している。実業家らはそれぞれのリサーチに加え、市場内ですでに事業を行っているため、実務を通じても多くの情報を入手できる立場にあるのだ。

これを効率的に進める方法がデスクトップリサーチである。ここでは特に筆者が意義があると思う調査方法を簡単に紹介しよう。

①企業調査

競争環境に関して述べた部分でも記述したが、企業調査の優先度は非常に高い。調査対象が上場企業であれば、顧客獲得コストや主力商材、セグメント別利益などの貴重な情報を投資家向け資料で大量に出している。ここからその企業が儲けている理由をある程度把握することができる。投資家向け資料というのはプロモーション資料なので、自社の強みや成長戦略に関してはかなり割り引いて見る必要があるが、「数値」は特に有効な調査対象である。趣味のように見るとよいだろう。

非上場企業であっても営業資料や採用サイト、経営者インタビューからわかることは多い。

またデスクトップリサーチとは言えないが自分が興味を持っている領域の製品は積極的に利用してみるべきである。例えばＡＩやＸＲについて論じるなら真っ先に関連サービスや商品を購入し、利用してみることが大切だ。

②事例調査

導入事例は貴重な情報である。興味を持ったアイデアがあれば、国内外の類似サービスの導入事例を見るとよいだろう。顧客像、顧客が導入した背景、サービスを選定した理由、得られた効果、今後の方針について記載されている。ただしこれもプロモーション資料である。掲載されている事例は大成功事例であり、平均的な事例ではないことには注意するべきだ。

筆者は国外企業が自社のプロモーションとして出しているYouTube映像は文章よりも情報量が多く、興味深い情報源であると思っている。趣味のように日常的に見るとよいだろう。

③構造調査

「人に聞く」というのは深い情報を得ることができるがデスクトップリサーチよりも格段に時間がかかり、かつ聞ける情報はその人個人の感情を多分に含んでいる（だからこそ価値があるのだが）。高橋氏は自動車市場に興味を持った際に、この巨大産業がどのような構造で成立しているのかについてレポートなどを使い数値を含め把握していった。

機会がありそうな領域をデスクトップリサーチで絞り、初期的なアイデアを持って人に聞くというプロセスが効率的だろう。

第 2 部

インサイトの発見

インサイト──総論

インサイトの重要性

戦略の中核にあるのはインサイトである、というのが本書の考えだ。極端に言えば、調査や検討を何もしなくても、インサイトと機動的な実行能力さえあれば事業は作れる。それほどまでにインサイトとは重要である。

インサイトの発見は戦略を作っていく上で最重要であると同時に最難関である。簡単に見つかるものではなく発見も偶発性に支配される。辛抱強く探し続けてほしい。

インサイトの定義

本書が定義するインサイトとは**「背景知識に基づいた現象解釈による戦略」**を指す。例えばナイルの例を考えよう。「消費者が自動車を買う際、ｗｅｂメディアで十分に検討してから店舗へ１回だけ来店し購入するようになっている」という現象を知っていても、背景知識と経験がなければ戦略を導

図4：インサイトのイメージ

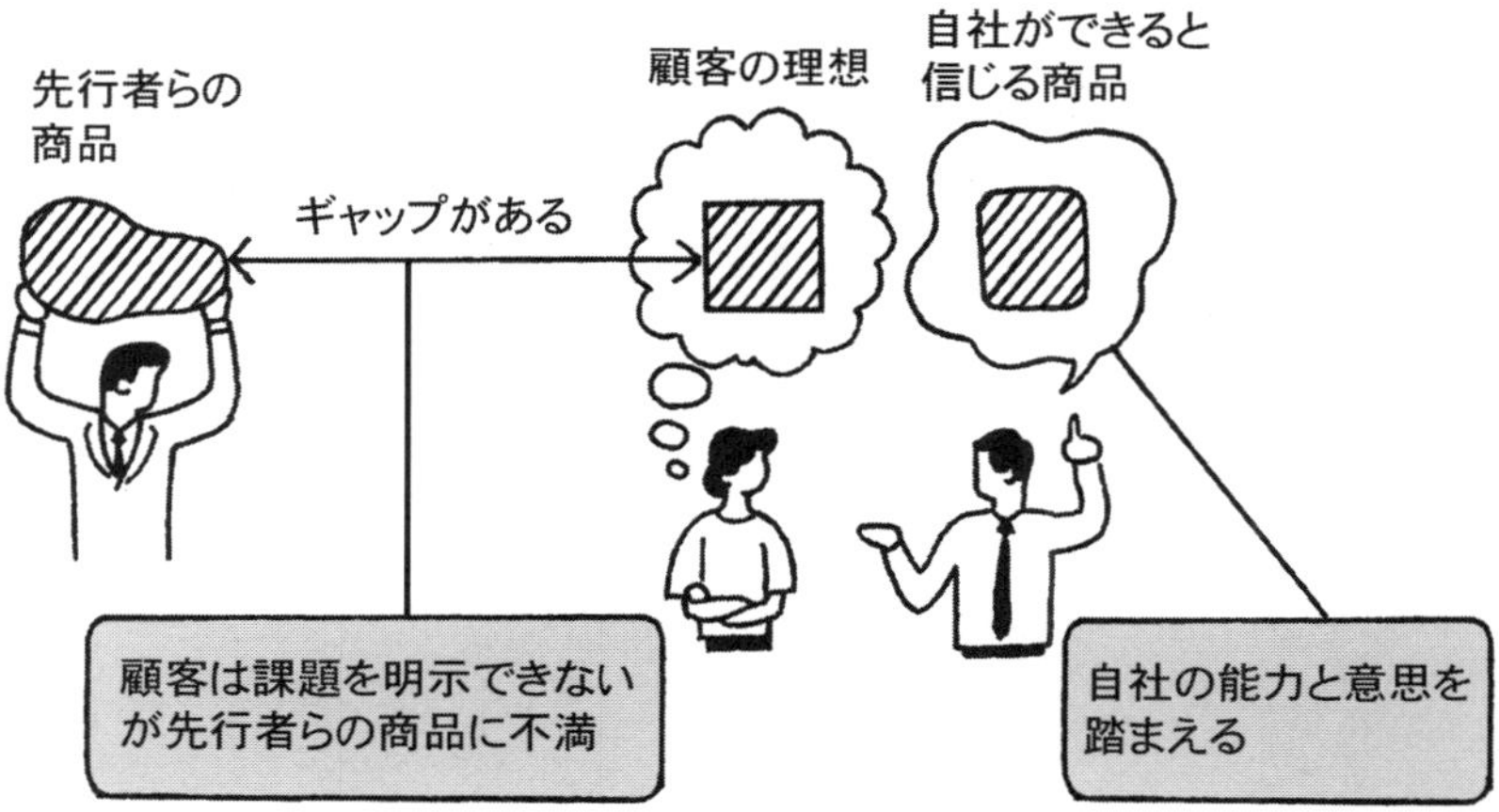

出できない。高橋氏は過去の様々な事業経験があったため「自社がオンライン完結型のカーリース商品を出すことができれば高い競争力があるのではないか」というインサイトを得ることができた。

人間や企業の行動原理、ビジネスの特性、大きなトレンドの動き方に関して**多くの背景知識を持った状態で「あの商品が売れている」「顧客はあの商品に対して大きな不満を持っている」という現象を観察すると、「このようにすれば勝てるのではないか？」という発見（インサイト）を得ることができる（図4）**。このインサイトこそが成長戦略の中核にあるというのが本書の主張である。**逆に言えば背景知識がない状態で現象を見てもインサイトを得ることはできない。**

マーケティングの文脈で使われるインサイトは「明示的には言われていない人間が行動する急所」として使われていることが多い。用語の定義が少々異なるが、本書では先述した定義を用いる。

またインサイトを競争戦略と考えれば、他社には見えていないことが必要だとわかる。誰しもが合意するインサイトであれば戦略が同質化し、消耗戦に突入するからだ。

インサイトは多くの人が合意するもの（コンセンサス）ではなく、少数派の意見であることが望ましい。「あるインサイトを信じている人は少数派であるが、実は正しい」という状態であれば効果的な成長戦略を形成できる。すでに多数派が信じるインサイトを採用するなら、インサイトに競争力を求めるよりも、物量や実行能力の接戦で勝利するという考えを持つ必要がある。これで勝ち抜く企業も珍しくはない（とにかく営業を頑張ります！と言いながら売上を伸ばしていく会社はこれである）。

競争環境によるインサイトに求められる「深さ」

インサイトは競争戦略の要素を含むため、必要なインサイトの「深さ」は競争環境によって規定される。**インサイトが深いとは「明示的に語られていないが、発生する現象を正しく言い当てている」ということである。**逆にインサイトが浅いとは「明示的に語られており、発生する現象を正しく言い当てている」ということになる。つまりコンセンサスに近い状態にある。発生する現象を正しく言い当てていないならば深い・浅いの議論ではなくインサイトが誤っている。

競争環境が苛烈になるにつれて必要なインサイトは深くなっていく。競争環境が激化すれば、競争相手も深いインサイトを探索し、実行能力が増強されていく。結局はインサイトの深さと実行能力の両方が伴わないと勝つことはできない。

例えばソフトウェアで考えてみる。市場がまだ発展途上の段階では、最低限の機能を提供するだけで売れる。しかし競争が激化するにつれて使い勝手の良さや豊富なオプション機能が重視されるようになる。市場が成熟してくると、顧客はより高度な機能や快適な使用体験を求めるようになる。供給が不足している初期段階なら、早期に供給することが成長につながる。

特に注意していただきたいのは過度な差別化にとらわれるべきではないということだ。本来は高速供給が重要である環境で差別化を考えてしまうというのは、大変よく見られる戦略の誤りだ。

留意するべきは、どれほど独自性のあるインサイトをもとに作られた事業だとしても、自社が成長すればするほど激しい競争からは逃れられないということだ。自社が成功すれば追撃される。いずれにせよ、**競争を勝ち抜く覚悟**が必須だ。独自性という言葉に甘え、深いインサイトが発見できたからといって競争しなくてよいというわけではないのだ。

インサイトの客観性

インサイトは、断片的な現象に対して、それを見る人の経験や思い込みをつなぎ合わせて発見されるものである。客観的に誰でも理解できるロジックを主張するというロジカルシンキングでは、インサイトに到達することはできない。

大量の調査を行ったとしても結局のところ何を売ればいいのかよくわからない、という事態に陥ったことは誰しもにある経験だろう。その要因は、いかに事実や数値といった目に見えるエビデンスを集めたとしても、インサイトに到達することはできないからである。

裏返せば、インサイトを他人に説明することは極めて難しい。なぜならインサイトとは「当人の解釈に基づいた偏見」であるため、同じ事象であっても見る人が異なれば導出するインサイトは異なるからだ。インサイトを万人にわかるように説明せよ、という主張は定義的に成立せず、事業創出を阻害する。インサイトのみで説得できるのは少数の同じ偏見を持つ人だけである。**実務的にはインサイトを主張する当人の過去実績・信頼性という、インサイト自体と無関係な項目で説得を試みることも多い。「よくわからないけど、あの人が言うならそうなのだろう」という説得方法だ。**

顧客インサイトと先行者インサイト

本書ではインサイトを考えやすくするため、**顧客の行動から得るインサイトを「顧客インサイト」、先行者の事業状況から得るインサイトを「先行者インサイト」と呼ぶ。顧客インサイトか先行者インサイトのどちらかをもとに、「強く求められていること」や「現在提供されているサービス・商品」の差分を発見しよう。そこから「自社が提供できること」が「強く求められていること」にどれだけ近いかを評価し、自信を持って提供できる場合をインサイトと呼ぶ。**

顧客インサイトと先行者インサイトは、不確実なことだらけの新規事業創出において極めて重要な手がかりとなる。どちらかのみを利用するのではなく、両方を武器として活用しながら事業を成功に導いていくのである。

実業家らは自社の戦略に合わせて顧客インサイトと先行者インサイトを使う比重を切り替えているが、基本的には両方の視点を持ちながら事業創出を進めている。先行者がいないのでヒントをくれる参照先が存在しない、という事態はほとんどない。先行者は必ずいる。

頻繁に語られる顧客中心思考は「顧客のことを（競争相手の誰よりも）考える」という競争戦略であると解釈できる。「顧客をひたすら見よ」とよく言われるが、これは何も競争は重要ではないという意味ではなく、それこそが競争戦略であるということだ。

これはどちらのインサイトを使うにしても同様であるが、**対象事業の顧客や協業先への深い心情理解は欠かせない**。購入を決定するのは人間であり、機械的に購買決定がなされるものは少ない。これはBtoCのみならず、BtoBでもそうである。**最後に意思決定をするのは法人内部にいる人であり、あなたはその人が社内稟議を書くときの心情を十分に理解する必要がある。**

深い心情理解がインサイトの導出には欠かせない。そのことを深く理解している実業家たちはみな、顧客および協業先との対話を大切にしている。事業リーダーが顧客・協業先と積極的に対話をしないまま事業を立ち上げることは至難の業なのである。

課題解決は必ずしも事業の発案プロセスではない

「ビジネスは課題解決である。まず顧客の課題を詳細に把握し、その後、解決方法としてのサービスを考え、それがビジネスとして成立するかを検討する」というアプローチは、あらゆるビジネスにおいて有効な発案方法ではない。

今回取材した実業家らは、このような考え方でビジネスを捉えていない。最初から「これは売れるのではないか？」と思えるサービスを想定しており、ゼロから検証のプロセスを経ることは稀だ。そのサービスがビジネスとして成立することは、先行者たちの事例から一定程度知っているのだ。

たしかに、実際に「売れる」という現象の裏には、「課題」「解決策」「自社の独自性」が揃っている状態がある。これについては「ビジネスは課題解決である」と表現できるが、なにもそれがビジネスの発案プロセスである必要はない。

「課題」「解決策」「自社の独自性」というフレームワークは、営業・採用プロモーション・投資家向けのコミュニケーション上は有効であるため頻繁に用いられるが、ビジネス自体を生み出すプロセスと一致するとは限らない。

インサイト発見能力の鍛錬

事業経験がない人が「インサイトはセンスなのか」と失望する必要はない。インサイト発見能力は鍛錬可能である。インサイトの発見とは個人や企業の行動原理に関する背景知識と、目の前にある事実を組み合わせて成長戦略を導出することである。

最もよい鍛錬は自分自身で企画・開発・販売を行うことであるが、より簡易的な方法がある。**それは他の商品・サービスがなぜ売れているのか、なぜ競合に対して優位に立てたのかをインサイトの観点から記述するという方法である。**

インサイト観点からの記述とは、顧客インサイト・先行者インサイトのいずれかからその商品・サービスが売れている理由を語ることだ。**売れている商品に対してこれが記述できないとすると、自分が現実を見誤っていると認識しよう。**自分がその商品・サービス自体をどう評価しようと、売れているという現象自体に対して異を唱えることはできないのだ（実際のところ「自分の好みではないが売れている」という現象がほとんどだろう）。

実業家らは最近気になっている商品・サービスがなぜ売れているのかについて議論することが大好きである。これを趣味のように行っている実業家も多い。

また、B to Bであれば業界紙を読んだり展示会に足を運んだり、B to Cであれば雑誌を読んだりするなど、対象顧客と同じ情報に触れることで、より手軽に顧客の視点を自分の中に再現できるようになる。「これは売れてしまうな」「これは売れないな」という感覚を身につけることにもつながる。調査活動の一部であるため、時間をかけ過ぎないように注意したいが、これらは有用な活動である。調査というのはついついやりすぎてしまうものであるが、戦略を具体化するためには顧客にアイデアをプレゼンしフィードバックを得るということを繰り返さなければ難しいことが多いだろう。

インサイトから戦略へ

インサイトを発見し、必要に応じて調査を行い、戦略として具現化していくことが成長戦略構築のステップとなる。この段階は、正しい方法を知り、時間をかけることが重要で、決して難しいものではない。**最も難しく不確実なのは、有望な事業領域を定め、探索を経てインサイトを発見することである。**

実行前の戦略策定段階においてどの程度具体化を行うかは、人や会社により度合いは異なるものの、以下の問いに対しては端的に回答できる状態であるべきだろう。

□顧客は自社が提供しようとする価値に対して支払う意思があるか？　それは顧客自身の行動から立証されているか？
□競合はどこか？　競合に対する持続的な優位性を自社は構築することができるか？
□自社に描いた戦略をやり抜く意思はあるか？　自社が保有する能力との距離を適切に把握し、投資を行う用意があるか？

留意すべきなのは、インサイトがない状態ではいくら大量の情報を資料に盛り込んで戦略を作ろうとしても、実行可能性のある戦略はできないということである。インサイトを発見する段階の前に大量のフレームワークを用いたり、市場規模の計算を行ったりしても、マス目を埋める作業にしかならない。むしろ、マス目を埋めて前に進んだ気分になったり、仕事をしている言い訳ができてしまったりするので害ですらある。

第1章 インサイトの発見

本章では今回取材した実業家らのインサイトと、それをどのように発見したのかを見ていこう。

本書におけるインサイトは「顧客インサイト」と「先行者インサイト」の2種類があるが、「顧客の購買行動」や「先行者の業績」といった事実があるもののみを新領域進出におけるインサイトの条件としている。

どの例でも**「強い需要の存在」「サービスもしくは能力の需給ギャップ」「自社が成功する自信」**という組み合わせで捉えてほしい。

1 実業家たちのインサイト

プログリット　岡田氏

インサイト

□ 英語が上達することで大きな効果が得られることを自分自身で経験しているが、英語学習に悩んでいる人は多い。
□ すでにある英語学習サービスは英語学習の方法論で競い合っており、「自分で努力する」というコンセプトのものがない。英語が身につく人と身につかない人の違いは、十分な努力ができたか否かである。パーソナルコーチング型のサービスであれば「英語学習をやり切る」というコンセプト（自社サービス・商品の特徴を端的な文章で顧客向けに表現したもの）を実現し得る。
□ 先行者らよりも上記コンセプトで良いサービスを作り続けられる自信がある。

インサイトの発見

岡田氏は起業することを考えてから様々な事業領域を検討する中で英語に注目した。岡田氏には、自分自身が英語学習で苦労した経験があった。そのため、どのようなサービスがすでにあり、実際に英語を身につけるために何が足りていないのかという知識が自分の中にある程度蓄積されていた。

２０１６年当時、ＲＩＺＡＰの成功によりパーソナルジム型のビジネスモデルが注目されていた。英語学習においてもこのビジネスモデルが有用なのではないかと考えるようになった。

サービスの創出と同時並行で英語学習業界内の人たちと頻繁に対話した。その対話から、岡田氏は競合の競争力を認識し、十分に勝算があるという自信を得た。この自信とインサイトを起点にしてサービスの立ち上げに向けてスピード感を持って動いた。

自分らが最も良いサービスを提供できるという自信があったため、サービスの企画や改善に向けては先行者から学ぶのではなく、ひたすら顧客に向き合い改善に努めた。

当時、岡田氏と共同創業者である山碕氏は、営業、マーケティング、教材作成など英語学習事業に直接的に使える能力を持っていたわけではなかった。英語学習に関するインサイトと、創業者らの熱意、個人としての適正で勝ち抜いたことになる。

yutori　片石氏

インサイト

- □ニッチだが確固たるコンセプトを体現したアパレルブランドにはたしかな需要がある。
- □大手アパレルは大規模なブランドを目指すためマスに偏り、ニッチを捨てる。しかし、適正に投資額をコントロールすれば、ニッチでも十分な収益性はある。
- □コミュニティの中心にいる人が社内にいれば、新たなブランドを創出し続けることができる。

インサイトの発見

片石氏はInstagramアカウント「古着女子」の運用や長年古着カルチャーに接していた経験から、需要の存在については認識していた。また大手アパレルが持っている弱点も認識し、ニッチだが確固たるコンセプトを持ったブランドを創出し続けるという競争戦略を選択した。Instagramを中心としたSNSマーケティングの登場によって、ニッチブランドに適してるマーケティングチャネルを持つことができた。

ブランドを作り続けるために自身の感度を磨き続けると同時に、インサイトを持つ社員を採用する仕組み作りに注力している。

スペースマーケット　**重松氏**

インサイト

□ 大きなものを小口にして販売するという仕組みで収益性を上げることができる。

□ 貸し会議室などのレンタルスペースにはたしかな需要があり、通常のオフィスなどで運用するよりも収益性が良い。その上、テクノロジーの登場によってメルカリのように流動性を向上させることが可能になった。自社も同様のアプローチでレンタルスペースのマッチングプラットフォームを作ることができる。現存するプラットフォームはUXに改善の余地が大きい上に会議室が中心であり、時間貸しスペースのマッチングという概念では捉えられているものがない。

□ 共同創業者と自分であればうまくやれるはずだ。

インサイトの発見

重松氏は時間貸し駐車場、コンビニのドレッシング、カラオケボックス、ＮＴＴグループカードなどの事例から「大口契約したものを小分けにして販売することで収益性を上げることができる」という気付きを多く得ていた。

また当時の勤務先が持っていたイベントスペースを貸すという経験を通じ、レンタルスペースにたしかな需要があることを認識していた。知人が多かったため、他の不動産会社の貸し会議室の担当に話を聞くこともでき、様々な面からこの事業に対する需要を知ることができた。

当時Airbnbやメルカリが登場し、マッチングの速度・精度が飛躍的に向上している時代であり、自社もマッチングプラットフォーム型で参入できないかと検討することになった。

創業当初から明確な差別化戦略を持っていたわけではなかったが、類似モデルのプラットフォームが十分な手数料を得ていることを知り、ビジネスが成立するという確信を得た。

ナイル　高橋氏

インサイト

□自社は、大きな産業かつ、競合が目をつけていなさそうな領域に参入すべきだ。

□インターネットの登場により車の購買行動に大きな変化が起きている。人は数百万円する車をネットで購入しないが、月２万円のカーリースサービスにはネットで金を払うようだ(ちなみに当時、高橋氏は自分で車を買ったことがなかった)。これに適しているカーリース商品が少ない。

□ 先行しているプレイヤーに対して自社が持つマーケティング能力を活用すれば優位性が発揮できる。さらにカーリース商品自体も特徴的なものを作ることができるはずだ。

インサイトの発見

高橋氏はマーケティング能力を中核とした追撃戦を前提として、新たな事業機会を探索していた。この際に意識していた競合は二種類ある。1つは様々な領域への新規参入を進めている他のマーケティング会社。もう1つはすでに業界内部にいる既存のカーリース業者である。

他のマーケティング系企業に対する戦略として、彼らと同じ領域に向かわないように注意した。また既存のカーリース業者に対してはマーケティング能力で競争すれば勝てると判断した。

高橋氏はマーケットレポートを使ってマクロ構造を把握し、その上で業界内のプレイヤーと大量に対話することで、このインサイトを得ていった。また、高橋氏自身は当時車を持っていなかったことはすでに書いたが、その後自動車市場への参入を検討するにあたり実際に車を購入し、自らが顧客に回ることで、インサイトを得られる環境に身を置くよう工夫した。

調査開始からインサイトを得るまでの期間は約4ヶ月だった。高橋氏は「人間の脳は短期集中で大量の情報を詰め込んで、ようやく気付きが得られるようなものではないか」と語る。

高橋氏がインサイト発見に至るプロセスの大きな特徴としては、**短期間でインサイトを人造的に醸成したということである。**

片石氏はアパレルの世界に15年以上浸かっていた。岡田氏も英語に関しては自らが利用者として様々なサービスに触れていた。重松氏は小口取引に関する気付きと経験を蓄積し、高原氏は受託事業を通じた経験があった。このように、実業家らはなんらかの経験が蓄積しインサイト発見に至ることが多いが、高橋氏の事例はこれらから外れる。ここから見出せるのは、インサイトを発見する能力を持っている人間であれば、インサイトは人造的に醸成できるという可能性だ。高橋氏のように**短期集中で大量の情報を詰め込み、実際に消費者になるなどインサイトに近づく努力をしながら繰り返し自分のアイデア（ここでのアイデアとは事業概要を投資家や事業関係者へ端的に説明したものとする。インサイトと類似だが、インサイトが成長戦略を端的に説明したものであるのに対してアイデアは自社のサービス案に重きを置く）を顧客や業界内部の人間にプレゼンすれば、インサイトの導出につながるかもしれない。**

TWOSTONE&Sons　高原氏

インサイト

□ ＳＥＳ業界で急激に売上を増やしている企業がある。
□ ＳＥＳ業界で成長するために必要なマーケティング能力を保有している会社が少ない。
□ 企業からフリーランスエンジニアが求められているのに、リスクを恐れてフリーランスエンジニアになる人が少ない。
□ 先行者らの状況を調べると、自社のマーケティング能力を活用すれば十分に追撃が可能である。加えてフリーランスエンジニアになるリスクを低減できるサービスを考案・提供すれば、十分に追い越せる。

インサイトの発見

高原氏は自社の中核的な競争力をマーケティング能力およびエンジニアリング能力だと考えており、基本的にその能力を使い先行者を追い越すというアプローチを取っている。まずは参入の契機を捉えて参入し、トップを目指すことを基本方針としている。

この方法を基本とするため、TWOSTONE&Sonsは明確な先行者がいない領域への進出という動きはとっていない。

これはコンテンツ系の経営者が使ったインサイトとは異なるものであり、顧客から見えるサービス自体よりも経営の仕組みや、システムで持続的な優位性を得ようとする考えである。

このインサイトを得るには先行者に対する知識と自社が持つ競争力の正確な把握が必要である。高原氏は関係者から先行者と想定する企業の内部情報を聞いて把握したあと、自らマーケティングのクリエイティブやLP（ランディングページ）を見て先行者の能力を正確に捉えた。自分自身が長期間にわたりマーケティングに携わっていたので、ここで「勝てる」と確信することができた。現在でも高原氏は他社のクリエイティブを観察しており、マーケティング担当者が変わったタイミングなどを把握できるようだ。それほどに他社の競争力を正確に捉える力が秀でているのである。

当時のTWOSTONE&Sonsは高原氏がマーケティング、共同創業者である河端氏が営業を担っており、まさに彼ら個々の能力を存分に発揮した競争戦略をとっていたのである。

2 インサイトの定義

二種類のインサイト

さて、実務で活用可能なインサイトはどのように定義できるだろうか。ここでは考えやすくするために何に注目し着想を得るのかという観点で区別し、**顧客インサイトと先行者インサイト**の二種類を定義しよう。

前提として、「顧客の購買行動」や「先行者の業績」といった事実がないもの、戦略を定めないものは、本書においてはインサイトとは定義しない。例えば「実は人々はこのような訴求メッセージが刺さる」というインサイトはマーケティングを考える上では有効であるが、戦略を定める上では十分とは言えない。

今後、戦略という言葉を用いる際には以下のようにそれぞれの言葉を定義する。

□ 成長戦略：複数の事業を組み合わせ会社自体を成長させていく戦略
□ 事業戦略：単一の事業に関する方針を定める戦略（顧客・競合・自社の観点を全て含む）
□ 戦略：目標を達成するための行動指針（顧客・競合・自社の観点を全て含む）

□ 競争戦略：主に競合と自社の競争に注目した戦略

また次に挙げるそれぞれの要素は組み合わさって初めて有効な戦略となるため、一部要素だけではインサイトと呼ばない。

①顧客インサイト：提供するサービス自体が他社と大きく異なる

□ 強い需要：顧客が深刻に欲しがっている・欲しがるであろうものがある。

□ サービスの需給ギャップ：しかし、既存の商品・サービスはそれを提供していない。

□ 自社の優位性：自社ならばその商品・サービスを、競合に対して持続的な優位性を発揮しながら提供することができる。

②先行者インサイト：提供するサービス自体は他社と類似だが保有する能力が大きく異なる

□ 強い需要：売上成長や利益率が目覚ましい事業が存在する（この企業は強い需要を捉えていると言える）。

□ 能力の需給ギャップ：その事業にとって重要な能力を持っている企業が少ない。

□ 自社の優位性：自社はその特定の能力を保有しており、類似の商品・サービスを提供することで十分追撃可能である。

ここで定義したインサイトは、次の問いへの回答としても説明できるはずだ。

□自社・自分は何を売る予定なのか？
□それに対して、なぜ顧客が支払う意思があると考えているのか？
□競合に対して持続的な優位性を持つことができるのか？
□自社・自分はこの戦略を実現するための強い意思と実力があるか？

これらの問いに対する回答と、その論拠の組み合わせを「成長戦略」と定義することもできる。

各要素に関する解説

①強い需要

需要を捉えるのは当然であるが、あえて「強い」と記載しているのは、多くの事業検討が些末な需要を捉えようとして失敗しているからだ。例えば筆者は過去にタクシー会社に特化した労務管理ソリューションを売ろうとしたことがあったが、単価が低く苦労した。これはタクシー会社にとって労務管理という重要度が低かった、つまり強い需要がなかったのだ。代わりにタクシー会社から求められたのは採用に関する提案であった。タクシー会社にとっては労務管理のデジタル化よりも、ドライバーを確保するほうが格段に重要であることを筆者は認識していなかったのだ。

強い需要があれば、サービスの細かい出来栄えに関して顧客は目を瞑ってくれる。「細かい体験などはどうでもいいからサービスを提供してくれ」、という状態が理想である。使い勝手が非常に悪いシステムやプラットフォームに出会ったとき、「なぜこのサイトはこんなに使いづらいのに、それを提供している企業は成長しているのだろうか」と疑問に思った経験がある人は多いのではないだろうか。その背景には使い勝手の悪さを上回る強い需要があるのだ。

この強い需要を捉えられないと、最初から全てを完璧にしようとして戦略が破綻する。要は、サービスの完成度よりも顧客は何をしたいのか?を捉えることのほうが重要なのだ。

②サービスないし能力の需給ギャップ

自社の参入可能性は「顧客の需要を捉えている適切なサービスがない」「顧客にサービスを提供するための適切な能力を持っている企業が少ない」という点で発見できることが多い。これを需給ギャップと呼ぶ。前者についてはわかりやすいが、後者については「一見他と同じような商品・サービスを提供しているのに、他よりも急成長している会社」の存在をこの時点では説明することができない。

TWOSTONE&Sonsのように、他社と似たようなサービスを販売しているように見えても、マーケティング能力が格段に高く急成長を実現するといった例は多く見られる。これはサービスの違いだけではなく、能力の差により優位性を持てることを示している。

③自社の優位性

「あるべきサービス」「持つべき能力」がわかったとしても自社がそれを実現できなければ意味がない。自社は他社よりもそれをうまくできるという自信が必要だ。ここで能力ではなく自信と表現しているのは、能力は事業を運営する過程で獲得可能だからである。ただし、現在能力を持ち合わせていないなら、個人視点では能力獲得に向けた活動をやり切れるという自信、会社視点では能力はないが「参入する」という投資意思が必要になる。会社がこの参入方法を取る場合は第１部で説明した「下積み」を行うための「参入の契機」が必要となる。

組み合わさることで初めて意味をなす

インサイトを分解して「需要を捉える段階」「ギャップを発見する段階」「自社の優位性を考える段階」のようにプロセスを分けるようなことはしてほしくない。さらに段階ごとに社内説明の機会を設けることは事業創出の大きな阻害要因になる。

インサイトは組み合わさって初めて意味をなし、実績や顧客の反応を得て初めて説得性を持つ。これがない段階で説明を迫り、プレッシャーを与えることは事業リーダーにとって大きなストレスと無駄な工数を割かせることになる。

シンプルさの必要性

インサイトはシンプルであるべきだ。

戦略はインサイトを基に具体的な行動計画を立てることである。このため、インサイトがシンプルでないと優先度が曖昧になり、実行可能性のある戦略が立てられない。インサイトは戦略を立てる上で最も重要なことであり、これを端的に述べられること、つまりシンプルであることが重要なのだ。

例えばインサイトが複雑だと、「マーケティングをやろう、営業も頑張ろう、製品のＵＩにもこだわろう……」というように、やるべきことが特定できずに貴重な時間を失っていく。「やったほうがよい」ことは無限にあるが、実質的に重要なことに集中する必要がある。ほとんどのことに負けていてもこの少数の要素だけ勝つことができれば最終的に勝つ、という「少数の重要要素」を定めるものがインサイトである。そのためにも、事業リーダーは「この事業が成立するために重要なことは何か、逆にどちらでもよいことは何か」という問いに答えられるようにするべきだ。

3 顧客インサイトの発見

ここで事業創出過程において、最も難しいインサイトの発見方法について考えよう。前提として、なんらかのフレームワークを埋めて順番にタスクを行うウォーターフォール型で進めればインサイトが得られるとも限らない。ここまでにたびたび登場した実業家らの事例からもわかるように、インサイトとは偶発的に出会うことが多い。

インサイトに出会える確率および探索の試行回数を上げることで、結果的に多くのインサイトを発見することができるという発想で考えるとよいだろう。実業家の多くは日々の生活の中でもインサイトを常に見出そうとしている。

ここではスペースマーケットの重松氏の事例に注目し、顧客インサイトの発見方法を学んでみよう。

スペースマーケット重松氏の顧客インサイト発見

重松氏は「大きなものを小さく切り分けて販売する仕組みで収益性を上げることができる」という事例を多く見て、さらに自らも経験することで、ビジネスモデルへの確信を深めるに至った。同様の気付きを経験したいならば、**世の中にある儲かっているビジネスに関して興味を持ち、なぜこのビジネスはこれほど儲かっているのかと考え続けるべきだ。**

ビジネスに関する背景知識の蓄積

筆者はビジネスについて学びたいならば、何よりも事例研究を重視するべきだと考えている。事例を多く学ぶことで現実に起きることと、自分のビジネスに対する理解の乖離を防ぐことができる。事例を知らないと発案するビジネスが妄想に近くなり、実現不能で論拠に乏しいものばかりになってしまう。**儲かっているビジネスは何か？　それはなぜ儲かっているのか？　と日常的に考え続けることは非常に良いトレーニングとなる。**儲かっているビジネスの選定については、自分の周囲にある売れている商品を調べてもいいし、上場企業のＩＲを研究することでもよい。

注意点としてはメディアで目立っている事例ばかりを見ないことである。**メディアで目立っていることと儲かっていることは別ものである。**儲かっている企業はむしろ自社の秘密である「儲けの仕組み」を隠す傾向すらある。目立っていなくても儲かっている企業を発見することを楽しみ、研究を続けるべきだ。目立っている事例を受動的に見ているばかりでは、事業実態を把握できないどころか流行に流されていくだけである。「Ｄ２Ｃが良いらしい」「サブスクをやるべきかもしれない」「ブロックチェーンがすごいようだ」「弊社もＡＩの事業に取り組むべきだ」というような意見には注意しよう。流行ではなく、実態としてどのような企業が儲かっているのかを研究することで、現実と自分の世界に対する理解の差分を縮小させることができる。

現場の体験

重松氏は勤務先の会議室を社外に貸してみたところ、**予想を上回る需要があることを確認した。**どのような人が、どのような目的で使い、いくら払うのか、ということを体験することができた。このような体感を得る意義は大きい。この体感は、このあとの事業立ち上げで重要なものになる。どのようなスペースが、どのような単価・稼働率で運用できるのか、誰がどのような目的で使うのかということを想像しやすくなるからだ。

自分の中に様々な商売経験を蓄積することにより、手が付けられるビジネスモデルは広がっていく。例えば重松氏が場所を貸すという経験を一度もすることなくスペースマーケットというビジネスを高速に作り得たであろうか？

意識的に自ら多様な商売経験を積むべきだ。規模は小さくても構わない。多様なビジネスに手を出した経験値を増やすことにより、インサイトは見出しやすくなる。

余談だが、当時Yahoo!に在籍していた実業家の小澤隆生氏も重松氏が担当していたスペースでイベントをしていたようで「徹底的に成功者を研究しろ」と繰り返し述べていた。

当時、撮影事業を行うベンチャー企業のフォトクリエイト社に勤務していた重松氏は、そこで経験した野球大会の撮影に関するエピソードを共有してくれた。

「甲子園はプロでなくても、マスターズ甲子園などアマチュアの試合をするために借りることができます。河川敷で行われる試合とは全く別もので、時には涙する選手がいたりする。このことから私は、**場所というものが生み出す価値について改めて考えることになったのです」**

調査の活用

気になったビジネスがあったら、まずは先行者を調べよう。

スペースレンタル事業者に注目した重松氏は、まず大手不動産会社のイベントスペース担当者に話を聞きに行った。その人から流入経路、稼働率、単価などを詳細に教えてもらったのだ。駐車場に関する事例も教えてもらうことができ、例えば六本木で月極駐車場として運用すると1スペースあたりの売上が5～6万円程度だが、時間貸しにするとそれが30万円にもなるという事例を知ることができた。**この情報により、レンタルスペースというビジネスに関する確信度を深めていくことになった。**

このように、インサイトが「積み上がっていくこと」が重要であったと重松氏は振り返っている。

重松氏が人に話を聞きやすかったのは、もともと人との交流が好きであり、知り合いが多かったからである。事業を立ち上げるための有用な情報は、ほとんどの場合、人経由で得ることになる。人とのコミュニケーションが好きだという特性は、大きな利点として寄与する。

またすでに存在していた貸し会議室のサイトを見てみたところ、UXが古臭く、改善の余地が大きいように感じられた。

貸し会議室以外にも「軒先ビジネス」(軒先株式会社運営)という自分が考えていたことと同様のビジネスが存在していることを認識していた。軒先ビジネスは35％の手数料を得ていたことからも、重松氏は収益についても十分だと考えた。類似のビジネスが十分な収益を得ている事実は好材料だ。

この時点で重松氏は「すでに同じようなものがあるからやらない」とは全く考えなかった。ここで問うべきは**「自分と同じ考えに至る人間は多くいる。自分はその人間らの中で最もうまくそのビジネスをやり抜けるか？」**である。

これは後から判明するが、当時、軒先ビジネスは長期間のスペースレンタルに注力していた。長期間のほうが効率が良いので当然とも言える。スペースマーケットは意識的にではないが、会社が成長するようにスペースの掲載増とマーケティングを進めていったところ、小口需要に強い状態になった。

これは第１部１章の「疑わしい先行者優位」でも解説した通り、後発で参入する新規参入者が先行者に対する競争戦略として使うことができる定番の戦略である。先行して参入すると、効率的に利益を上げやすい大口契約に注力し、小口を捨てることになる。大口でなければ利益が出ない運営体制になった企業は、小口に需要があることを知っていても取り組むことができない。小口に取り組む競合が登場したとしても、給与制度やシステムが大口のためにでき上がってしまっているので、簡単には小口への取り組みに着手できないのだ。

このような状況で新規参入者が小口に取り組めば、勝ちやすい状況を作り出せる。だからこそ、新規参入者は小口でも利益を出せる体制を作り上げる必要がある。一度小口で利益を出せる状態になれば、大口ではより大きな利益を見込める。強いコスト体質(手間のかかる小口取引でも利益が出せる水準までオペレーション効率を高めることができている)は競合よりも多くの販促費を投入することを許容できるため、大口においても競争力を発揮できる。

スペースマーケットが成長したあと、貸し会議室大手の経営者たちからは「その需要があることは知っていたが、面倒でできなかった」というコメントが得られたそうだ。小口からの新規参入が既存プレイヤーに打撃を与えた典型例である。

この調査段階での注意だが、調査は数ヶ月かけて行うものではない。あるビジネスを思いついたら、先行者は何をしているのかを見る・話を聞くという簡単ですぐに完了するものであったほうが良い。その上で「可能性がありそうだ」と判断したら少し時間をかけて深堀りしてもいいが、最初から多くの時間を投入する必要はない。

最近聞くことはほとんどなくなったが、少し前まで「調査をすることでバイアスがかかるからよくない」という話を聞くことがあった。調査をやり過ぎる必要はないが、調査をしないことを奨励する実業家はいない。クラウドワークス元COOの成田氏は、経験が足りない人ほど調査を軽視する傾向があると言っている。アメリカで多くの成功したスタートアップを支援するY Combinatorも、アイデアを考えたなら類似事例を調査することを奨励している。

クラウドワークスは事業立ち上げ前には営業資料のみで営業し、すでに30社から発注意思を受けていた。顧客はすでに存在する様々なサービスを知った上でそれらより優れていると判断し、「買う」と言ったのだ。

新規参入者である自社よりも、顧客は市場についてよく知っている。様々な企業から提案を受け、複数社を利用した経験があるため、顧客の中には競合の知識が蓄積されているのである。その顧客が自社を選んでくれたということは、自社に優位性があるという確信を与える現象である。

逆に、市場のことをよく知らない新参者の自社が調査のみから得られた情報で「優位性がある」と断定することはかなり危険である。調査から得られた情報は信頼性に乏しく、顧客が何を重視してサービスを選んでいるのかも明確ではないのだ。

デスクトップリサーチに時間をかけるよりも、顧客や協業候補先に対して連絡を取り、アイデアをぶつけることで効率的かつ正確な調査をすることができる。顧客や協業先は自分が思っているより多く正確な情報を持っている。それを教えてもらえばよい。

マクロ構造の変動

スペースマーケット創業当時、重松氏はメルカリ、Airbnbのような企業が成長しておりテクノロジーを活用したマッチングというものが新たなビジネスを生んでいるということを認識していた。共同創業者がＣＴＯであったため自然とテクノロジーを活用する事業を試行することになった。

ただ、この後レンタルスペース市場自体が大きく拡大した。当時はほとんど存在しなかったプロのレンタルスペース運用者（１人で70部屋以上を運用する人もいる）という人たちも現在では登場するようになったが、ここまでの成長が予測できていたわけではなかった。

当時見えていたのは今後の成長ではなく、目の前にある遊休資産をより活用することができるのではないか？　という気付きであった。

重松氏はテクノロジーの発展により、市場はもっと大きくなるという感覚は持っていた。しかし、１人の人間が市場がどの程度まで発展するかを事前に予測することは不可能であり、またその必要もないだろう。

重松氏のインサイト発見サマリ

重松氏のインサイト発見の特徴は、小口取引の事業に関して多くの知見を積み上げていったこと、また自分自身でレンタルスペースの強い需要を目の当たりにしたことにあった。顧客インサイト中心に事業を作るなら、顧客の行動には誰よりも詳しくあるべきだ。

クラウドワークス事例から考える顧客インサイトの活用

ここでクラウドワークス成田氏の事例を取り上げよう。クラウドソーシング事業については2007年にうるるのshuffti(株式会社うるる)、2008年にはランサーズ(ランサーズ株式会社)が既に事業を開始していた。クラウドワークスの創業は2011年で後発の参入だ。

しかし、先行者らは当時爆発的に成長しているとは言えない段階にあった。先行者らのコンセプトは「空き時間での小遣い稼ぎ」といったもので、低単価・単発系の仕事をポイントサイトなどと連動しながら提供していた。

一方でクラウドワークスが目指したのは「クラウドソーシングでより高単価なプロフェッショナル案件を取れる」というコンセプトである。結果的に、それを実現しやすいと考えたエンジニアやデザイナーに注力することになった。

まずはこのコンセプトに該当しそうなエンジニアの登録者を集めるため、ライトニングトークやRuby会議などその手の人材が集まるイベントへ積極的に参加し、スポンサリングを行った。これで２０００名弱の事前登録を確保した。

発注者に関しては「このようなサービスを立ち上げるから使ってみてくれ」と試験的に営業を行ったところ、30社を超える企業から発注意思を確認することができた。ここでの発注意思とは「いいですね、使いたいですね」というものではなく、実際に案件があり、それをクラウドワークスのサービス上に掲載することを意味する。主に掲載された案件はｗｅｂデザイン系の案件とｗｅｂ開発系の案件であった。

この状況を顧客インサイトの形式に整理すると次のようになる。

□登録者からは「クラウドソーシングを使ってフルタイムで仕事をしたい」、発注先企業からは「ぜひ発注したい」という強い需要を発見した。
□先行者らのサービスは低単価・単発系の「小遣い稼ぎ」であり、その需要に対応できていない。
□自社の経営陣の能力を活用し、積極的な資金調達と投資を行えば「クラウドソーシングでフルタイムで働ける」というコンセプトを先行者らよりも十分うまく・早く実現できる。

顧客インサイトを活用するといっても、先行者について詳しい必要はある。先行者たちが後発のクラウドワークスの成長を見て、即時追撃するという可能性はあり得るものの、スタートアップといえど一度組織が形成されると機動力は大幅に低下するため、新たなコンセプトを持ったサービスを作り上げるのは新規参入者のほうが有利になる。

クラウドワークスはサービス開始当初はｗｅｂサイト上で完結する仕組みだった。ｗｅｂでマッチングし、コミュニケーションを行い、納品まで行う形式である。しかし、利用者である登録者と発注企業の双方と対話を重ねていくうちに、それぞれの需要をより詳細に把握できるようになった。登録者たちがより高稼働・高単価案件を求めていることや、発注者側はサイトに案件を公開したくないという要望があることがわかった。そして、クラウドワークス側が両者のサポートに介在していくようになっていき、これがのちに大きな売上になった。

ｗｅｂマッチングに限定しないサービスを作ることができたのは、常に利用者・顧客との対話を重ね、インサイトの発見を続けることができたからであった。一部のインタビューはクラウドワークスが運営する媒体である「クラウドソーシングＴＩＭＥＳ」で見ることができる。

4 先行者インサイトの発見

ここからは先行者からインサイトを得た例としてナイル高橋氏の事例に注目し、考えていこう。

ナイル高橋氏の先行者インサイト発見

「このようなビジネスがあれば売れるが、実現方法はない」のではインサイトとは呼べない。高橋氏にとってインサイト発見過程で特に重要だったのは、自身で思い描いたビジネスをどこの協業先と組み、どのように実行可能性があるものにできるか、という観点であった。

協業候補先との議論

高橋氏は「自社で大きな資産・負債を持たない長期間のカーリース商品をリース会社と作り、ｗｅｂマーケティングで売る」という構想を描いていた。これは要するに、自社が車両を所有せず、リース会社と協力してカーリース商品を開発し、ｗｅｂマーケティングを通じて販売するというビジネスモデルである。これにより、自社のバランスシートにリース車両の資産や負債を含めずに済み、財務上のリスクを軽減しつつ、長期的にリース市場に参入できる。この構想を実現するために、大量の協業候補先との議論を行った。

特に印象的なのは、**社長である高橋氏自らが協業候補先であるディーラーやリース会社にテレアポで連絡し、協業に向けた議論の機会を大量に持ったことである。**この議論を通じ、高橋氏は業界の情報を知ると同時に、構想の実現に向けて歩き出すことができた。

事業創出を行う上で重要な情報の多くは、人経由で得られる。その際に、どのように議論の機会を持つべきか悩む人は多いと思うが、高橋氏から学べることは、テレアポでもなんでいいから正面から議論を申し込めばよいということである。

現在最も大きい協業先となっている会社との十数回の入念な議論を経て、カーリース商品を実現することができたという。高橋氏は構想実現に向けた検討と、協業の実現を通じた事業立ち上げを同時並行で進めたのである。

先行者インサイトからビジネスを構想するならば、どのように他社と異なった構造でそのビジネスを実現するのか、という仕組みに焦点を当てる必要がある。

入念な調査を通じた実態把握と事業の構想

高橋氏は自動車業界についての知見を持たず、自分自身でも車を保有していなかった。しかし、**有望性がある領域と判断し入念な調査を行った。人経由の情報は外部情報からは得られない深さを持っているが、その人が持っている情報に制約され、また偏見も含まれるため、この情報からだけでは誤った判断をしかねない。**

そうならないよう、高橋氏はマーケットレポート、国内・海外事例調査を活用し、業界理解に努めた。この調査を通じて次のような事実が把握できたという。

□ディーラーとは、自動車メーカーから販売権を得て車を販売する店舗のことであり、その収益の半分程度はメンテナンスサービスに依存している。このことから自社で参入する場合もメンテナンスから利益を得られる状態が望ましい。

□ユーザーの行動はインターネットで事前に検討を行い、最後にディーラーに契約をしに来るというように変化している。

□２００万円の車をｗｅｂで契約はしないが、２万円のカーリースであれば契約する。

また、先行しているカーリース業者のマーケティング能力は十分ではなく、その上自社で保有する車両をリースするモデルのため拡大速度に限界があることも発見した。

この調査を通じ高橋氏は、

□ｗｅｂのみで完結して売れる。

□大きな資産・負債を自社で持たない。

という二点を満たすカーリースビジネスを構想し、実現に向けて動いていくことになる。

調査の基本は、幅広く事業機会を探索しながら有望性がありそうな領域に絞り、その上で人に話しを聞きに行くというプロセスを経ることだ。そうすることで、インサイトを発見するのに十分な深さを出すことができる。

ただし、調査で入手できる情報は限定されているので、**調査に時間をかけすぎないことも大切だ。**インサイトを発見するために人と話し、発見できなさそうであればすぐに次の領域を探索する。このように動くことを推奨する。

3ヶ月かけて調査を行い、仮説を構築。さらに3ヶ月かけてヒアリング。最後の3ヶ月で資料を作成……が、インサイトは何も得られていない、というのが調査の典型的な失敗例だ。

高橋氏のインサイト発見サマリ

先行者から得るインサイトを手がかりに進むなら、能力としての独自性をどう出すかが重要になる。高橋氏のケースだと、次の2点が能力の独自性だ。

①カーリース事業者との複雑な協業体制を作り上げ、他社と異なるサービス提供体制を整備

②元々保有していたマーケティング能力

この2点が競争力として機能し、事業を成功させることに成功した。

このことから、表面的に見える体験・商品が顧客から見て競合と決定的に違うという状態を目指すのはなく、競合が構造的に同様のことは実現しづらいという状態を作ることを目指すのが先行者イン

サイト中心の事業創出となる。さらに、常にその構造を強化し続け他社を突き放すことを図るべきだ。

第2章 インサイトの活用

本章では、発見したインサイトをどのように実務において活用していくのかを解説していく。

新規事業参入者にとって、インサイトは重要な手掛かりとなり、成功や失敗の事例から学ぶことで自社の強みを活かして一点突破を図ることが可能である。また、成功するためにはマーケティング、営業、製品企画、マネジメント、製造・サービスといった重要な能力に集中投資する必要があり、これらの能力が事業の成功を左右する具体的な事例も紹介する。先行者の模倣から始まり、そこから独自の競争力を確立していく方法や、インサイトの発見と活用の具体的な方法論についても述べていく。

1 先行者インサイト活用の実務に関する補足

実業家たちは先行者から得られるインサイトを重視しているが、一般には顧客インサイトのほうが強調されることが多いと感じる。ここで先行者インサイトを実務的に活用するポイントについて追加で説明をさせてほしい。

先行者は誰か

誰も先行者がいないという状況はほとんどの領域において存在しない。英語学習事業に参入したプログリットの岡田氏にとってはパーソナルトレーニング事業のＲＩＺＡＰや他の英語学習サービス、yutoriの片石氏にとっては他の大手アパレルや小規模ブランド、ナイルの高橋氏にとっては他のカーリース事業者、スペースマーケットの重松氏にとっては貸し会議室サイトなど、ヒントをくれる**先行者は必ずいる。**

Amazonも初のオンライン本屋ではなく、Charles Stockという会社のほうが先に取り組んでいた。発明者である能力とビジネスとして拡大させる能力は別だ。そして発明者であることは、将来の覇者であることをなんら保証しない。

自社が提供しようとする価値が実際に価値あるものならば、誰かが必ず先に取り組んでいる。**類似**

サービスでなくとも、自社と同じ価値（例えば「英語を上達させる」「車を多額の初期費用なしで低い与信でも持てる」などの価値）を提供しようとしているならばヒントを与えてくれる。

多くの点で負けても1点で大勝利する

新規参入者は、先行者よりもほとんどの面で劣位である。オペレーション効率も悪ければ顧客基盤もなくブランドもない。ほとんどの点で負けているので、**何かしら勝てる一点での勝利を通じて、強烈な優位性を持つことに挑戦する立場にある。**

他人のビジネスプランを審査する立場にあるならば、優先度が低い要素における劣位を突くことに意味はない。そのプランがほとんどの点で先行者に負けていても、「なぜその一点で勝つことがビジネス全体の勝利につながり、最終的に勝てると言えるのか」という点を問うべきだ。

筆者自身、TWOSTONE&Sonsが人材事業に参入した当時のことをよく覚えている。未熟であった筆者は競合ひしめくマーケットにおいて、サービスとして目立った特徴もないTWOSTONE&Sonsがどうやって戦うのだろうかと考えてしまっていた。**成功要因を見極め一点突破で勝ち抜くという戦略の強さを認識していなかったのだ。**

「新規参入するからには、新規性のあるプロダクトやサービスが必要であろう。それがないならば高額な営業費用・広告費用を払うことになり、利益創出が難しい」と思っていた筆者が間違っていたのだ。筆者の疑問をよそに、TWOSTONE&Sonsは特にマーケティング能力を武器として急成長を遂げていった。「先行者はいるが、自分たちのほうが重要な一点においてはうまくやれる」と思えることができれば、追撃は十分可能なのである（今となっては恥ずかしいエピソードである）。

重要でない能力で勝利しても事業は成功しない

重要でない能力で勝ち抜くことに意味はない。繰り返しだが、本書で挙げる重要な能力とは「マーケティング」「営業」「製品企画」「マネジメント」「製造・サービス」である。

次に挙げるTWOSTONE&Sonsとナイルの事例は、ｗｅｂマーケティングを活用した集客が極めて重要な事業領域を狙ったものである。この２社はｗｅｂマーケティングの能力で競合に対して優位に立てたため、成長を実現することができた。ただし、この能力もあらゆるビジネスでの勝利を保証するわけではない。これがなぜ機能しなかったのかを見ていこう。

TWOSTONE&Sonsの撤退事例

TWOSTONE&Sonsは過去に一度、不動産領域、収益性物件の販売事業に参入したことがある。これは不動産で成長を続けるＧＡテクノロジーズ社の存在とそのオペレーションに関する情報を知ったことがきっかけだった。他の事業と同様にｗｅｂマーケティングでの集客力と、自社の持つエンジニアリングの能力があれば成長できるだろうと考えていた。

しかし想定が違った。不動産価格が上昇を続け、収益性物件という売り物自体がなくなってしまったのだ。**これではいくらｗｅｂマーケティングで顧客の獲得ができたところで意味はない。事業の**

成否を分ける勝負が、「集客」ではなく「物件の仕入れ」へと移行してしまっていたことに参入前は気付けなかったのだ。

当初の戦略が成立しないことが判明し、TWOSTONE&Sonsは撤退という判断を下した。このことから**「事業の成功においては、決定的に重要な競争要因での勝利にしか意味がない」**ことがわかる。

ナイルの撤退事例

もう1つの撤退事例として、ナイルのゲームメディア事業を見てみよう。

ナイルはゲームメディア事業から手を引いた。「ファミ通のようなゲームの開発ストーリーやコアファン向けのコンテンツに注力してしまったこと」が撤退要因だったことは第一部で触れた。一方で、GameWithのような成功している先行者などに対して、コンテンツの質という観点では勝利しているという見方もできた。

しかし、当時求められていたコンテンツは、ナイルが配信していたようなものではなく、モンストなど人気ゲームの攻略コンテンツだった。コンテンツの「質」という1点は、事業全体を勝利に導くものではないのだ。ナイルはここでの勝利を目指してしまったということになる。高橋氏自身、自社の独自性を「コンテンツの質」に求めたことを反省している。

このような事態はナイルの例に限らず至るところで見られる。その要因の1つは「差別化は何だ」「優位性は何だ」という問いから始まっている。他社との「わかりやすい差」を過剰に求めてしまうのだ。どのような手段で差別化を図り優位性を獲得するかという課題に対する最も簡単な答えは、「先行者が投資していない要素に投資すること」である。しかし、先行者が投資してない要素ははたして勝利するために重要な「１点」だろうか。その要素において量や質という点では容易に勝てるかもしれない。ただし、その要素が「勝つための１点」でない限り、そこでの勝利は事業を成功には導かない。先行者はその要素への投資が意味のないことを知っているからこそ、投資していないのだ。

重要なのは、その重要性を認識しつつも組織的な理由で先行者が投資できていない要素を狙って突撃することである。例えば、先行するカーリース事業者たちはｗｅｂマーケティングの重要性を認識しつつも、あまりにも自社が保有する能力との距離が大きいため、内製の専門部署を設置するという判断はしなかった。このような状況だったからこそ、後発のナイルがｗｅｂマーケティング能力を武器に参入し、成功を収めることができたのだ。

ただし、この状態は永久には続かない。先行者も時間をかけながら自社の足りていない要素に投資し始め、いずれ能力を獲得する。後発ならなおさら、先行者が追いつく前に集中投資をし、勝ち抜く必要があるのだ。

ブルーオーシャン戦略からのヒント

ブルーオーシャン戦略は誤用されることが大変多い言葉であるため、ここで言及させてほしい。

「全く新しい市場を作り出すブルーオーシャン戦略です」というのは誤りであり、ブルーオーシャン戦略ではない。ここでブルーオーシャン戦略公式の文章を引用しよう。

BLUE OCEAN STRATEGY is the simultaneous pursuit of differentiation and low cost to open up a new market space and create new demand.（ブルーオーシャン戦略とは新たな需要と領域を作り出すための差別化と低コスト化の同時追求である）

It is based on the view that market boundaries and industry structure are not a given and can be reconstructed by the actions and beliefs of industry players.（この考え方は市場の区分と産業構造は所与ではなく、市場内のプレイヤーが持つ意思と行動により変化させられるという考えに基づく）

ブルーオーシャン戦略の書籍の中では、QBハウスの事例が取り上げられている。QBハウスは散髪という古典的な市場の少し外れに、低コスト化と速度向上という価値創出を用いて展開できた好例である。散髪という市場は大きく、たしかに存在しているが劇的にコストを下げ、スピードを上げれば「少しだけ」新たな利用シーンを開拓できるというものだ。そしてこの低コスト・ハイスピードを実現するために、組織制度や店舗で用いられる機器などが手段として用いられているということである。

低コスト化ではないがプログリットの岡田氏の事例も近い考え方で捉えられる（むしろコストは高い）。英語塾という古典的な市場はたしかに存在している。ここに対して高単価・パーソナルジム型の高品質英語塾というサービスを投入することにより、「少しだけ」新たな利用シーンを開拓できる。このサービスの品質を実現するために、組織制度やアプリ提供、ブランド作りなどが手段として用いられているということだ。

ブルーオーシャン戦略は「全く新しい市場」を作り出さない。古典的な大規模市場の横に「少しだけ」

新たな利用シーンを作り出す。従来のプレイヤーが重要だと捉えなかった顧客層の重要性を認識し、そこへ特化したサービスを作り出せば、従来は利用しなかった人も使うだろう、という考えだ。QBハウスの場合、「散髪に会話やマッサージって要りますか？　それより早く・安いほうがよくないですか？」というメッセージに共感する人がもっといるはずだと考え、そのサービスを投入する価値があると判断したということだ。深い顧客感情の理解を要求される戦略である。通常、散髪業に長年取り組み、サービスの向上に努めてきた企業にとっては、このような判断はしづらい。「これまでサービス向上をしろと言っていたのに、今度はやめろとは何事か！」という反発を受けることになるため、「不要なサービスかもしれない」と考えたとしても、なかなか変えられないのだ。

そして、「ブルーオーシャン戦略を取ると、アイデアで差別化できるので事業立ち上げが楽である」ということでも全く無い。QBハウスを見ればわかるように低コストと価値向上を同時に実現するためには、大量の工夫と絶え間ない差別化の追求が欠かせない。相当な苦労を含む戦略なのである。苦労をしなくて済む戦略だと思うのは大いなる誤りである。

さらにいえば、低コストと価値向上を実現できるアイデアに巡り合うこと自体が大変難しい。そのようなアイデアが「あれば」大きな可能性があるということであり、必ずしも狙って巡り会えるものではない。

特定の競争軸において過剰な競争が発生するというレッドオーシャン化が起きるのは、組織や人間の性質によるものが大きいだろう。例えば散髪屋を運営しており、隣の散髪屋が「とても気持ち良いヘッドマッサージ」でメディアに取り上げられ、行列状態になったらどうするだろうか。自社でもヘッドマッサージをやろう、もしくは最高の肩揉みをやろうと思うだろう。

するとどうなるか。社員にマッサージ研修を提供し、ブランドを作り上げるための投資も行う。マッサージ用の機器も購入する。サービスは過剰になり、顧客が求める水準からも離れていき、コストを圧迫する。しかしここまでやった手前「今のマッサージはやりすぎだから品質を下げよう。機器も捨てる。今までやった研修は少々過剰であった。これからはバリカンだ！」と言えるだろうか。

このように追求する目標を変更することは、組織に対して多大なストレスをもたらす。結果的に顧客が求める水準から離れ、価格に反映できない状態になっても散髪屋は過剰なマッサージをやり続けるしかない。そこに「あの散髪屋はマッサージしすぎですよね？　時間も20分かかるのは逆に不要じゃないですか。そのために皆さんは１５００円も余分に払っているのですよ。うちは安い・早いシンプルな散髪屋です」という新規参入者という脅威が登場するのだ。

レッドオーシャンは、顧客が求めるものからの乖離が発生し続ける結果生まれ、新規参入者に対して機会を生む。その要因は組織的な力学である。これは散髪以外にもＴＶやカメラの画素競争など、多くの場面で見られる。過剰なサービスを発見したならば「最小限のサービスで打撃できないか」と考えるとよいだろう。

低コスト戦略の面白い部分はその後、品質・価格上昇に転じられる点である。例えばＱＢハウスには現在、QB PREMIUMという従来ブランドよりも高価格なブランドができている。ＱＢハウスの主力ブランドは１３５０円であるがQB PREMIUMは１８００円だ。

低価格であっても利益を出せる構造を作れたら、基本構造は同じまま、家賃が高い場所へ展開したり、自社が擁するスタイリストの中でトップスタイリストのみを用いたりして価格上昇可能性を追求できるのだ。このようにして既存プレイヤーを下から打撃するのである。

QB PREMIUMがもし、１８００円で利益を出せる構造かつ、従来４０００円で散髪をしていた顧客が魅力に感じる価値を十分に出せたらどうだろうか。打撃される側である４０００円の散髪サービスを提供していたプレイヤーは苦しい状況に追いやられてしまう。

２０２４年現在、QB PREMIUMはまだ小規模であり今後どのように展開するかは不明であるが、低価格から参入し、価格上昇を試みている面白い事例だろう。

TikTokの事例から考える先行者インサイトの発展性

先行者インサイトから出発するビジネスには限界があるのではないかと思うかもしれないがそうではない。世界的に成功しているサービスも先行者インサイトから始まることは決して珍しくない。ここで企業内の小さなチームが主導し、世界中に膨大なユーザーを獲得することとなったTikTokの事例を見てみよう。

バイトダンスが提供するTikTokの中国版であるドウインは、元はミュージカリーというアプリの模倣品として作られた。さらに言えばそのミュージカリーもミンディというアプリの模倣品である。

バイトダンスは元々ニュースアプリの今日頭条（トウティアオ）を提供している過程で、ショート動画の人気が爆発的に増えていることを知り、注目していた（＝実務を通じた顧客インサイトの発見）。しかし、ショート動画アプリでどのように勝つかがわからなかったため、当時アメリカで流行していたミュージカリーを発見してコピー品を作って参入した（先行者インサイトの活用）。コピー品として参入した時点では競争力は低く、この後に改善と大規模投資を苦労しながら続け、現在のポジションを確立するに至っていく。この例からわかることは先行者インサイトから事業を開始することは全く珍しくないということだ。それどころかむしろ主流であるとも言えるだろう。

本書のフレームワークから考えるTikTokの成功

レコメンドエンジンに注目されることが多いTikTokであるが、それだけではTikTokの成功を説明しきれない。本書のフレームワークでこれを簡単に分析してみよう。

①対象領域の選定

バイトダンスはニュースアプリ事業を主力とし、2000人を超える従業員がいた。広告モデルのアプリ運用に必要な能力(営業、マーケティング、開発、マネジメント)はここで培われた。この能力を活用し、進出する領域としてショート動画を設定したことは妥当だった。

②顧客インサイトの活用

ニュースアプリの利用状況をモニタリングすることで、ショート動画の需要が急増していることについて正確に捉えることができた。

③先行者インサイトの活用

ショート動画領域を攻略するべく3本の模倣品をリリースした。当初自社の戦略は明らかでなかったが、事業運営を通じて自社の競争力を確立していくことになる。

④能力獲得

当初持っていた能力では全く足りず、低空飛行を続けた。しかし模倣品の運営を通じ、ショート動画アプリの運営に必要な能力を約半年で確立していった。

⑤体制

TikTokは10人以下の小規模組織から始まっている。その中にはUGCプラットフォーム（ユーザーによって制作・発信されるコンテンツで成り立つｗｅｂサイト）アプリをバイトダンスに売却することで入社したケリー・ジャンが含まれていた。またCEOが指揮を取り、集中投資段階に入った後は機動的に大規模な投資を実現することができた。

⑥競争力の確立

当初全く順調ではなかったが、特にテンセントを含む巨大企業の追撃にも耐える力となったのは、クリエイティブなユーザーらが自発的に優れたコンテンツをアップロードし続けてくれるという構造の形成にあった。ケリー・ジャンらを中心に形成されたこの構造を、競合は大規模な投資にもかかわらず形成できなかった。この有機的な構造は投資をしたからといって立ちどころに手に入るものではなかったということだ。

ユーザーらと共に形成した複雑なTikTokのような構造や、マネジメントの構造は投資を行っても短期で形成できるとは限らない。

このエピソードは自社の能力を増強するにしても、投資をしたからといって立ちどころにそれが実現できるわけではないことを意味している。事業を運営する能力とは有機的な構造であるため、採用やM&Aを行ってもそれは即時能力とはならない。

創作ストーリーに対する注意

多くの実業家は事業が成功した理由を語るとき、「儲かっている企業があることを知り、コピーをしたらうまくいった」とは答えない。真実はそうだったとしても、あまり格好良いストーリーではないからだろう(筆者は実務的で良いと思うが)。誰しもが「ユーザーをじっくり観察していた、大量のヒアリングを行っていたら革新的なサービスを思いつき成功した」のように言いたいものなのだ。

実際のところ、ミュージカリーもコードからデザインまでミンディの完全コピーから始まったようだが、インタビューでアプリ開発の契機を問われると「10代の行動を観察していると50%は音楽を聞き、残り50%は写真や動画を撮りながら、そこに音楽を入れるためにスピーカーを大音量で鳴らしていました。彼らがソーシャルメディアと、写真や動画や音楽にあまりに夢中なのを見て、思ったんです。このものすごくパワフルな3つの要素をひとつのアプリにまとめて、ミュージックビデオ用のソーシャルネットワークを構築できないだろうか、と」と、創作したストーリーを答えている。

元々教育用動画アプリを作りたいと考えていたミュージカリーの創業者が、先行者であり流行しているミンディを発見してコピーした、というのが実態のようだ。

やはりコピーしたとは言いたくないのだ。起業家などのインタビューにおける事業をスタートした経緯に対する回答は注意して見るべきだ。

本論とは外れるが起業家の成功インタビューは斜に構えて見る必要がある。後から創作されたストーリーが多いからだ。多くの物語はこのように進む。

□私には幼少期からの原体験があった。
□社会課題を解決したいという強い想いで創業した。
□あるとき画期的なアイデアを考えついた。
□当初考えたアイデアはほとんどの人から否定された。
□それでも私は大きなリスクを取り、信念を捨てず努力を続けた。
□その過程で組織崩壊を経験した。
□しかしながら私は努力を続けそれを克服し成功した。

とても心地の良い英雄的なストーリーである。**しかし、「幼少期からの原体験」は必要ないし、アイデアはコピーでも構わない**。**素人からの批判に意味はない**。このようなストーリーをそのまま解釈してしまうと、実業家らが実際に取っているアプローチとは乖離が出てしまい、事実を見誤る。

人工知能や自動運転向け半導体チップの分野で今や圧倒的な地位を築いているNVIDIAのＣＥＯで

あるジェンスン・フアンは「強固な意思を持って努力する理由は何でもいいのだが、自分自身に嘘をついてはならない。困難に直面したとしても、自分を前に進め続ける〝何か〟があればいい」と語る。対外的に誇り高く話せるような理由でなくても何でもいいのだ。

模倣品から参入し競争力を確立する方法

バイトダンスがとった参入戦略は大変実用的であり、この方法で成功していった会社は多い。すなわち以下の方法である。

□ 儲かっている・成長している企業のサービスを模倣して参入する。
□ 模倣品を企画・開発・運用することで能力獲得を進める。同時にインサイト発見に努める（この段階では競争力が低いため収益性は低い）。
□ インサイト発見後、集中的に投資を行い競争力を確立する。

この方法の場合、インサイトが発見できるか否か、また能力獲得がどの程度進められるか否かは参入時点では不明である。事業の成否は不確実性が克服できるかどうかに懸かっているため、模倣品段階での大規模な投資には高いリスクが含まれる。この方法をとったバイトダンスは大きな赤字を出しながらも能力を獲得し、競争力を確立していった。バイトダンスがこの方針を取ったのは、ショート動画領域の競争環境があまりに熾烈であったため、リスクを抑えながらインサイトを発見し、大規模な投資段階に移行するという方法を許さなかったからだろう。

ショート動画のように熾烈な競争環境でないなら、小さな投資でも先述の方法を取ることができる。模倣品から参入する戦略を描く場合、「自社の競争力は何か。どう勝つのか」という問いに対しては、「競争力は現在弱い、どう勝つかは今後考える」と回答すればいい。ただ、社内からのプレッシャーが強く「いつになったら儲かるのか」と厳しく問われるような場合、この戦略は成立しづらい。バイトダンスにしてもトップの意思が強固だったため、この方法を取ることができたのだ。

模倣品からスタートしたとしても、自社は能力を持たないため、先行者と同じ結果を即時には与えてくれない。

プロダクトを表面的にコピーすることと、ビジネスとして成立させることは全く異なる。コピーから入ったあとに、事業として成立させるための苦労をしながら能力を獲得していく必要があることは前提として捉えておく必要がある。

これはミュージカリーをコピーしたバイトダンスも例外ではなく、リリースから1年近く大きな成長は起こせず、苦難の時代を過ごしている。当時バイトダンス幹部であったチェン・リン氏の言葉を引用しよう。

「論理的に筋の通ったことは間違いなく正しい。そして人がすでにこのコースを検証しているわけですから、うちのデータが芳しくないのは、我々自身が良い仕事をしていないからです」

これは新規事業創出の心構えとして大いに参考になる。そもそも市場選定やニーズを見誤ったか、自社に適していないビジネスだったのかという疑問が湧き上がった際の考えである。

先行者の情報を活用する

事業立ち上げ初期は当然苦労する。そのときに「自社に適していない」「市場選定が誤っていた」などのように「自分らの努力とは無関係に、戦略が誤っているためこのビジネスは成功しない」と結論づけてしまうことは非常に簡単である。

自社がうまくいっていなくても、類似ビジネスをしている競合は成長できているのであれば、それは戦略自体の誤りではなく、ほとんどの場合で自分たちの努力が足りないだけである。類似ビジネスの成長の事実はむしろ希望と捉えよう。下積み時代はまず、先行者並のことができるように努力すべきだ。

「あの会社でもできるのだから、自分たちにもできるだろう」とポジティブに考えてはいかがだろうか。

逆に、類似ビジネスをしている全ての会社が成長できていないのであれば、根本的な戦略の誤りと考えるべきだ。一時期流行したが最終的には全滅した、というビジネスは少なくない。

他社が成長しているのならば、その類似ビジネスも成長しやすく、逆に誰も成長できていないならその類似ビジネスも失敗しやすい。自社・自分だけが特殊な能力を持っているため他社・他人には不可能なことでも成功できると信じるのは、かなり楽観的な考えである。

先行者の事業状況は非常に重要なヒントをくれる。それにもかかわらず、筆者は先行者の情報調査は軽視されているように感じている。先行者が何社も挑んで失敗した事業と同じもので参入し、同じように失敗するケースは大量に散見される。プレスリリースが出ている、サービスが出されているということと、事業が成功していることは全く別のことであるのに、プレスリリースがさも成功事例のように引用されていることは珍しくない。

成功している企業に関する情報を、実業家たちはあらゆる手段を駆使して探している。実業家と集まれば、そこでの話題の中心は当然のように最近儲かっている会社の話になる。

現在どの企業がどのような業績か、いくらで何を誰に売っていてなぜ売れているのか。これらの情報に詳しくない状態でビジネスを成功させるのは大変難しい。**習慣のように「自分が興味ある領域で儲かっている企業」の情報を探し続けるべきだ。**

2 追求する新規性とリスクの調整

インサイトは全員から合意されることはなく、独自性を追求するべきだ、と書いてきたが、それと同時に新規性を調整する必要もある。独自性を追求するあまり誰からも共感されないインサイトになってしまったらそれはビジネスではなく、ただの妄想に終わる。

「今存在しないマーケットを創造するのだ！」と言って倒れていった人間の数は計り知れない。野心的なインサイトを掲げるならば、同時に臆病になるべきだ。

独自性をどの程度求めるか

プログリットの岡田氏はサービスに求められる独自性とは**「ギリギリ他の人と同じではない」**という状況を目指すべきだと語っている。やや極端だがプログリットのサービスが「英語を身につけよう」では、他のサービスと差がなく独自性がない。

「すごく大変だが、正しい方法で自習し英語を身につけよう」というサービスに対して「楽に身につきますよ」と語るサービスの間には違いがあるため、独自性のあるサービスコンセプトと呼べるものになるだろう。これがあまりにも突拍子もないものであれば、顧客からの共感を得られなかったであろう。

明確に言葉で表現をすることは難しいが、実業家に許される自由度は実はそれほど大きくない。独自性があれば何でも許される、ということにはならないのだ。試しに、東証のサイトで新規上場をした企業の商材を見てみよう。ほとんどのものが「普通」に見えるのではないだろうか。ほとんどの商材は素人目には独自性もなく、面白みもないものなのだ。このような微妙な差異の中で企業は競争しているのだ。過度な独自性追求は慎むべきである。

独自性の追求と投入時間のバランスは合っているか

大きな独自性のある取り組みをしたいなら、そのぶん覚悟が必要である。例えば「3年間努力する意思はないが、新しいマーケットと呼べるものを創造したい」という主張が成立しないことはわかるだろう。これは作りたい独自性と時間を投入する覚悟のバランスが取れていないのだ。

例えば「業務の一部として、おおよそ20％の工数を使いビジネスを作ります。部署は来年には変更になるかもしれません。誰も見たことのないコンセプトを持ったビジネスを作りたいです」という人がいたら、独自性を下げることを推奨する。独自性を下げることで、実現可能性を上げられるだろう。

逆に若手起業家によく見られるのだが、「成功できるなら何でもやります。成功できるまでやります。休日なんてもちろんありませんよ。私が作るのは面白いYouTubeチャンネルです」と相談されたら、ビジネスの初手としてはそれでいいが、あなたはもっと可能性があるからより独自性を追求してもいいのではないか？　とアドバイスすることになる。それくらい時間を投入する覚悟があるなら、もっと独自性を追い求めたほうが成功確率は高くなる。

自分の覚悟と追求する独自性はバランスさせる必要がある。覚悟があり長期間の不確実性を受け入れられるなら独自性を求めることは妥当であり、逆にそれがなければ過度な独自性追求は危険である。

シリコンバレー流は非常に大きなリスクを受け入れる前提

例えば日本国内でビジネスを行っており、グロース市場上場を当座の目標として考えようという人が、シリコンバレーの教えをそのまま受け取ることは危険である。シリコンバレーにおける教えは、非常に激しい競争を切り抜けるために強烈な独自性を追求し、大きなリスクと大量の資源を使うことを前提としている。その前提のもと、最終目標として「世界制覇」を目指すならばどうするべきか、という教えである。受け入れられるリスクとそれに伴う独自性、使える資源、目標という全ての前提が大きく異なっている。

前提が異なるにもかかわらず、経営方法だけ大量資源・大リスクの経営をしていたら機能しづらいのは当然と言える。自社が置かれた競争環境・投下資源量・許容リスクに応じた独自性の調整が必要だ。

「スティーブ・ジョブズはこうした」という教えに対してはまず、「自分の置かれた環境はスティーブ・ジョブズと同様なのか」を問うたほうがいい。

多くの事例が研究され、議論されているシリコンバレー発の理論は大いに参考にできるが、鵜呑みにすることは危険だ。追求するべき独自性と受け入れられるリスクのバランスは保つ必要がある。

他人と同じものに注目することの危険性

多くの人が取り組みたがる人気のテーマをビジネスとして選んだ場合、激しい競争をくぐり抜ける覚悟と、他人とは相当異なるアプローチを発見することが必要だ。

例えば自分が「高齢化による課題を解決するビジネス」を考えるとしよう。まず、高齢化というのはあまりに明らかな課題であり、普通の生活を送っていれば誰にでも認識できてしまう。このようなテーマは潜在的な競合が多い。

Y Combinatorでは、多くの人が認識する課題解決に取り組もうとする場合は、まずそのテーマでうまくいかなかった先行者たちを探し、なぜその取り組みが成功しなかったのかを聞いてみることを奨励している。

筆者もこれには強く同意する。そもそも多くの人が認識している課題を解決しようという考えを持った時点で、基本的には避けるべきである。

取り組む会社があまりにも多い場合、利益を上げられずに終わることがほとんどだ。そのような課題にはNPOも増えるだろう。この環境で利益を上げるには相当な独自性が必要とされる。その独自性は一体なんだろうか？

普通に生活していても気付いてしまえるような領域を選択し、突出した覚悟も独自性のあるインサイトも特殊な能力もないとなれば、そのビジネスが辿る道は想像する通りになる。

領域を選定する際にも、インサイトを考える際にも多くの人が考えそうなことではないか？　そこで最もうまくやり抜けるのは自社か？　という観点を持つことにより、苛烈な競争を避けられる。

ビジネスを開始して「このようなビジネスに取り組んでおります」と話して理解され、褒められる必要など全くない。むしろ理解されないほうが深いインサイトに基づいているという自信を持つことができる。筆者の感覚としては、業界外の人間からのフィードバックとしては「そんな変わったビジネスもあるのですね。うまくいくかどうかわかりませんね。頑張ってください」と言われる程度が望ましい。

3 顧客インサイトと先行者インサイトのバランス

情報が大幅に欠如する新規事業創出に際して、顧客インサイトと先行者インサイトはどちらも大変有用な方針を与えてくれる。両方重要な道具として使うべきだが、どちらを重視するかは企業の競争戦略によって異なっており、自社に合わせたバランスを考慮し、両方を使いこなす必要がある。しばしばどちらかのインサイトに偏った主張が一人歩きしている印象があるが、ここで2つのよくある主張を見てみよう。

「競合なんて見ても何も出てこない。顧客にひたすら集中するんだ」

「儲かっている企業の真似をすれば基本売れるよ」

このような主張は、それぞれ顧客インサイト側・先行者インサイト側に極端に寄っている。なぜ企業によってこうも意見が異なるのか。それはその企業の根本的な競争戦略が異なるからである。

本書で取り上げている事例の中では、プログリット岡田氏の戦略は最高品質で独自性のあるサービスを提供することにあるが、TWOSTONE&Sons高原氏の戦略はマーケティングで競り勝つことであった。

岡田氏の事業の場合、提供するべきサービスの姿を競合は定義してくれないので、基本的には顧客視点に注力することになる。一方で高原氏の戦略は、自社と競合がマーケティングでの接戦で勝つというのが中心にある。このため高原氏は競合のマーケティング実態を詳細に調査し、勝算があると判断してから参入した。

顧客インサイトと先行者インサイトのどちらかが戦略上の基本になるからといって、一方を軽視していいわけではない。実業家たちはどちらのインサイトも把握した上で、戦略を練っている。実際、岡田氏も、顧客インサイトを参入戦略の基本としていたyutoriの片石氏も、すでにあるサービス（先行者）についてはよく知っていた。要は競合に対して無知ではなかった。むしろ十分にその実力を知っているからこそ、片石氏であれば「ニッチだが確固たるコンセプトを持ったブランドを創出し続ける」が重要だと考えることができ、岡田氏であれば「良いサービスを作ることができれば勝ち続けられる」という自信を得ることができた。

顧客インサイト起点の事業を発展させる

参入戦略としては顧客インサイトを中心としていても、組織・仕組み作りを追求しなければ企業として拡大することはできない。**岡田氏や片石氏もどのような組織構造で自社の優位性を強化し続けるかに対しての明確な考えを持っている。**

岡田氏は全員を正社員化し、部活のように集団で目標を追求する明確な文化を築き上げることにより最高品質のサービス作りができる体制を追求している。片石氏は、確固たるコンセプトを生み出せる人を採用し続けられるような方法を追求し続けている。結果として、両者とも独自性を失うことなく事業を拡大させ続けることに成功している。

顧客インサイト起点で始まった企業は、組織としていかに独自性を保ち、再現可能性高くサービスを提供し続けるかという道を追求することになる。さらに、このような企業はコンセプトを作り出すことに長けているため、大小様々な新商材を頻繁に発売する傾向が見られる。yutoriは多数のブランドを創出し、コスメへも進出した。

顧客インサイトから商品を作り出していくということが習慣化すれば、連続的に商品を発売し事業を拡大していくことができる。

先行者インサイト起点の事業を発展させる

先行者インサイト起点で始まった企業は効率を徹底追求すると同時に、先行者の模倣からの脱却を図るために顧客理解の動きを取る。**ナイルの高橋氏はカーリースサービスの利用者たちとの対話を通じ常にサービスを最適化する努力をしている。**

また先行者インサイト起点で参入できる企業は営業やマーケティングなどの能力に強い優位性があるため、その優位性を活用できる別の領域を探索していく傾向がある。そのためTWOSTONE&Sonsであれば人材・プログラミングスクール・M&A仲介など、ナイルはゲームメディア、アプリ比較メディア、カーリースなど多数の領域に進出することになった。先行者インサイト起点の企業は特定の領域にこだわっているのではなく、自社の能力を起点として参入できる領域を探査する傾向にあるため、事業領域を複数の範囲に広げ、事業を拡大していくことができる。

顧客インサイト・先行者インサイトの比重

ここまで読んでいただくとわかる通り、顧客インサイトと先行者インサイトはどちらを選ぶと良いというものではなく、企業や実業家個人の適性を考えて、どちらが向いているのかが分かれてくるものだ。

自分や自社が独自性のあるコンセプトを考え、そのコンセプトで差別化を図ることに向いているなら顧客インサイト中心に探索するべきであろう。

一方で自分・自社は独自性のあるコンセプトを追求するよりも、強靭な組織を作り出しその仕組みで優位性を確保するほうが向いていると考えるなら、先行者インサイトを中心に探索するとよいだろう。

あなたや自社はどちらに適しているだろうか。今まで自分や自社が新領域において競争し勝ってきた方法を振り返れば、どちらに適正があるかは理解しやすいだろう。

4 インサイトの客観性

インサイトは少人数しか合意しない

PayPalの共同創業者であり投資家としても実績豊富なピーター・ティールは、著書『ゼロ・トゥ・ワン』の中でこのように言っている。

「賛成する人がほとんどいない、大切な真実はなんだろう?」

これは、まさにインサイトのことを指している。

インサイトは、明示的な証拠から論理的に導出することは難しい。過去の経験や他の事例からのアナロジー（類推）をもとに「企業や個人はこのように動く」という背景となる考えと、目の前の事実を組み合わせて導出する〝独自の〟解釈がインサイトである。インサイトは他人に見えない、賛成する人がほとんどいないものだからこそ、新規参入者にとっての成長戦略を形作る土台となる。

インサイトが客観的な論拠を多く持ち誰もが同意するものなら、投資に対するリターンは究極的には国債のように低いリターンで安定することになる。新規事業というのは当たり外れが大きいボラティリティが高い投資である。新規事業を作る文脈では、誰にも理解できて多くのエビデンスから立証可能であり、高いリターンを狙えるインサイトというのは原理的に見つけることは難しい。

この特性をもつインサイトに対して「蓋然性を説明せよ」と要求することは、インサイトを見出すことができる人間のモチベーションを大きく下落させる。

インサイトは目の前にある事実と背景知識・経験を統合した結果発見できるものであるから、同じインサイトを発見できるのは類似知識・経験を持つ者だけである。特定の会社内だったり、同じ経験を共有する少人数の組織であれば、インサイトを共有することができる。事業立ち上げに少人数が適しているのは、インサイトは大人数では共有できないから、という理由もあるのだ。

あなたはGoogleに投資できたか?

インサイトが万人に理解されるものではないことを示す例として、有名な話だがGoogleの話を紹介しよう。

Googleは創業まもなく、ＶＣであるジョン・ドーアへ資金調達に向けたプレゼンをした。プレゼン資料の17枚のスライドのうち数字を含むものは2枚で、それらからビジネスモデルは見えてこない。さらにGoogleは検索エンジンとして18番目の参入者である上、創業者は事業経験のない学生である。

そのような中、創業者の１人であるラリー・ペイジが力説したのは「いかに先行者の検索エンジンの質が悪く、どのようにすればそれを改善できるのか」という一点にあった。結果的にGoogleは投資を受けることに成功するわけだが、このことからわかるのは、投資はこの先行者インサイトが正しいという考えに賭けられた、ということになる。
これに投資をするにはいくつかの条件が必要となる。

□検索エンジンの覇者が巨大な価値を持つと判断できること。
□検索エンジンを制覇するには精度と速度が決定的に重要であり、Googleが語る方法であればそれが実現されると判断できること。
□創業者たちに「勝ち抜く意思」と「能力」があると判断できること。

「検索エンジンて儲かるの？」「たしかに君のエンジンは良さそうだけど、すぐに真似されるんじゃないの？」という疑問を抱くようでは、投資は実行できなかったであろう。インサイトは誰もが理解できるものではないので、売上実績がない中で資金調達を模索する場合、投資家獲得のために数十社を回ることが普通である。資金調達を受けるGoogle側にしても、そのような投資家とのコミュニケーションに時間をかけることは無駄なのだ。

ちなみにこの時点では「検索エンジンの覇者が巨大な価値を持つこと」も明らかではなかった。Yahoo!は検索エンジンなどアウトソースしていればよいと考えていたのだ。

また、技術的な知見がなければGoogleが語る方法が妥当であるか否かを判断することは難しかっただろう。

先の条件の最後に挙げた「創業者の勝ち抜く意思」を評価するには、人間に対する洞察力が求められる。当時のプレゼンテーションで「売上がどの程度までいくか？」という質問を受けたラリー・ペイジは、「100億ドル」と答えたようだ（根拠はない）。もちろんこれだけで勝ち抜く意思があると評価することはできないが、企業を成功させるという大きな野心を持っていると見ることはできるだろう。ときに投資家はビジネスの内容ではなく、創業者の適性だけを見て投資をすることもある。Y CombinatorがAirbnbに投資を実行した理由は、Airbnbの創業者らが選挙キャンペーン用にオバマ・マケイン両氏のパッケージを印刷したコーンフレークを販売し、日銭を稼いだという実績を高く評価したからであった。

特にGoogleの事例では「検索エンジンは儲かる」「Googleの方法なら勝てそうだ」という2点において、証拠がほとんどない中で、創業者のインサイトを信じる必要があった。

もちろん投資家は投資対象が描く戦略を完全に信じる必要はなく、確信度合いに応じた金額を出資すればよい。

創業者の適性は企業の成功に支配的な影響力を持つ。Uberの成長を牽引したトラビス・カラニックはすでにある程度成功した起業家であったが、Uberのアイデアはあっても自分がCEOになることを当初は拒んでいた。CEOを務めることがどれほどタフなことかをよく理解していたからだろう。結局はCEOに就任させた人物が会社を成長させられず、しぶしぶ自身がCEOになり、会社を成長させていった。CEOになるのは楽なことではなく、特に一度経験した人物ならその辛さを嫌でも知っているため、このような躊躇があったのだろう。

インサイトは一部領域に対してしか持てない

インサイトを特定の領域で持てるということは、全ての領域でインサイトを持てるということを意味しない。例えばNVIDIA ＣＥＯであるジェンスン・フアンは現在最も成功した実業家の１人であるが、過去にアメリカを代表するＶＣのSequoia Capitalから「何かを探したい時に、検索すれば出てくるサイトを作るという事業アイデアに関してどう思うか?」と相談された際に「イエローページのようなものだろう？　それは無料なのだから儲かる理由はない」と回答した。

Sequoia Capitalも儲かる方法はわからなかったのだが、小規模なら投資できるということで投資を実行。やがてこの会社はYahoo!になった。ジェンスン・フアンでさえ、Yahoo!創業者が持っていたインサイトは持てなかったということだ。

NVIDIAのインサイト

２０２４年、最も話題になった会社の１つがこのジェンスン・フアンがＣＥＯのNVIDIAである。ここでNVIDIAの顧客インサイトを取り上げよう。

□ ３Ｄグラフィックス向けの半導体業界は、ムーアの法則に従い長期間にわたり飛躍的な性能上昇を続けるため、現時点では性能過剰でも翌年は顧客が欲しがるようになる。

□ 競合は現時点の顧客ニーズに合わせて製品を開発して提供するため、市場には常に時代遅れな製品が投入されることになる。顧客が求める製品と市場にある製品の間には常にギャップが生まれる。

□ 自社は常に過剰品質の製品を投入し続けることによって勝ち続けることができる。

参入当時の競争環境は非常に熾烈であり、NVIDAには200社以上の競合が存在していた。そのためこのようなリスクが高い戦略を取らざるを得なかったが、結果的にこの戦略は大成功した。熾烈な競争環境の中でニーズを先回りし製品を投入し続ける能力がNVIDAの競争力であるということだ。

インサイトの鍛錬

実際に商品を考えて・作って・売るというプロセスを経る以外にも「売れている商品がなぜ売れているのか」を考えることによりインサイト発見能力は鍛錬可能だ。

資料や記事だけでその商品・サービスを知るのではなく、実際に自分が顧客の1人として利用するということも積極的に行うべきだ。この鍛錬と実務を通じてインサイト発見能力を磨いていくことができる。

高級ブランドはなぜ売れるのか、効果がないサプリはなぜ売れるのか、なぜ人々は投げ銭に金を使うのか、なぜ企業は脱炭素に取り組むのか。このような個人・法人の行動理由を考えることによりインサイト発見能力は向上する。

一点注意点だが、ユーザーインタビューを行うと人々はよく嘘をつく。「なぜ投げ銭をしているのか」と全く知らない人に問われたとして、自分の恥ずかしい感情を含めてさらけ出すのは抵抗を伴うだろう。そうすると取り繕ってしまう。これを実際の行動要因と解釈することは危険だ。

建前だけを集計すると、人間というのはなんと倫理的であり素晴らしい生き物だろうと思えてしまう。そのような建前の感情だけに注目した結果、寄付型クラウドファンディング、教育、地域創生、医療、過疎地域における取り組みのような事業で失敗に導かれた事例は非常に多い。メディアで語られていたり、インタビューで簡単に聞き出せたりする言説は建前と割り切る必要がある。

また、インサイトは〝必ず見つかる〟と考えて探索しなければ見つけることは難しい。これは新規事業のあらゆるプロセスにおいてそうであるが、検証して少し難しければやめてしまうという考えで進めるなら、ほとんどの新規事業を実行できないことになる。表面的なユーザーインタビューを３件行って「可能性がなさそうでした」と結論付けることは極めて容易い。「別の質問をしてみたらどうだろう」「別のアイデアをぶつけるとどうだろう」と様々な角度からインサイト発見に努めなければインサイトは見つからない。多くの人が事業機会を求めており、そのためにはインサイトが必要となれば簡単に見つかることはそもそもない。

新規事業はそもそも困難であり、不確実なものだ。それを「難しいことが見つかったから」「不確実性を含むから」という理由で退けていては、何も実行できないということになる。

難しいが・不確実だが、克服をするという意思が土台にある必要がある。

5 インサイト発見は細分化しない

課題特定と解決方法の考案は同時にする

実業家たちにとって、特定の課題を詳細に把握することと、課題解決方法を考え、ビジネスとして成立するかを検証するのは同時作業である。

例えばスペースマーケットの重松氏であれば「テクノロジーの登場によりプラットフォームを作ることができるようになった。レンタルスペースに適用すれば成立する可能性があるのではないか?」ということが最初から発想の中心にあった。少なくとも課題が起点とはなっていないことがわかるだろう。

スペース保有者の課題は「稼働率・単価を上げたい」であり、スペース利用者の課題は「自分の用途に最適なスペースを最適な価格・タイミングで借りたい」であることは考えなくてもわかる。**課題をいくら見つめても何も出てこないのである。問題はどう「稼働率・単価を上げたい」という望みを実現するのか、という点である。**

重松氏にとっては課題を調べるというプロセスがあったわけではなく、最初からレンタルスペースマッチングプラットフォームという発想を持っていた。

他の実業家も同様だ。yutoriの片石氏が売るものは最初からアパレルだった。TWOSTONE&Sonsの高原氏は最初からエンジニアだった。そもそもアパレルブランドは「課題解決」という発想で作るものなのだろうか？　片石氏は「調査を通じて継続的に儲かるアパレルブランドを作ることは難しい。自分自身の中に高い感性を持つ必要がある」と語る。

例えば「アパレルに関してどのような不満があるか」というアンケート調査をし、デプスインタビューを数件行ったとしても、継続的に儲かるアパレルブランドが作れないことはほとんどの人にわかってもらえるだろう。プログリットの岡田氏のようなビジネスに関しても同様で、顧客に課題を問うても答えを求めることはできないのである。

このように考えていくと「課題解決」というアプローチを実務的に利用できるシーンは、機能策定など事業創出としては後半の段階にあり、実業家らはビジネスの発想方法として課題解決起点で事業を創出するというアプローチをとっていないことがわかる。

課題中心と価値中心

課題解決アプローチの例としてコールセンターへの問い合わせ数を削減できるソフトウェアを作りたいと考えたとしよう（筆者の実体験である）。コールセンターへの問い合わせ数（業界では呼量と呼ぶ）を減らすには、コールが発生する理由を分析し、優先度が高いものをソフトウェアで自動化できる削減可能性を探り……というように、課題中心で考えると機能策定が考えやすい。また顧客側が「呼量を減らしたい」という課題を明確に認識していることを見逃してはならない。多くのコールセンターは呼量を削減したいと考えている。このような顧客へ「呼量削減しませんか」と訴求することは明らかに有効だ。

課題が「ありたい姿」と「現状」との差分であると定義するなら、顧客が「ありたい姿」を明確に描き、それを実現するためのステップを分解して課題に落とし込む必要がある。これがない状況で課題解決を中心に考えても有効性は低い。課題自体が認識されていない場合は、こちらから「ありたい姿」を提案していく必要がある。これを価値中心思考と呼ぶことができる。

課題解決という考え方は論理的に説明しやすいのでビジネスの様々なシーンで使い勝手がよい。

感性に訴えかけるサービスに関しては課題ではなく、価値を中心に考えるとよいのではないか。**「このようなサービス（もしくはコンテンツ）がありますよ！　これがあればあなたは、このようになれます。素晴らしいでしょう！」と訴えかけた際に、強烈に顧客の頭を揺さぶるような共感を得る「価値」があるかということを突き詰めて考える。**この価値を課題解決というフレームワークで捉えることには無理がある。後から振り返れば、課題解決と表現できないわけではないが、ビジネス発案のプロセスではない。ゲーム、アパレルブランドなどのビジネスに関しては特にそうである。課題解決を論理的に考えて面白いゲームや魅力的なアパレルブランドが生まれるというのは実際に事業が創出されるプロセスではないだろう。

課題中心なのか、価値中心なのかはビジネスの属性や自社の競争戦略によるが、必ずしも課題解決という考え方で捉える必要はない。

インサイト発見を細分化し説明を要求しない

実業家たちの事例から見られたように、インサイトは細分化されたプロセスから発見されるものではない。背景知識を前提として多くの情報や事象に触れる中で発見されるものである。

インサイト発見を「強い需要は見つかったか」→「サービス・能力のギャップはなにか」→「自社であれば持続的な競争力を発揮できるのか」とプロセスを細分化し、段階ごとに検討状況を報告させるようなアプローチは有効ではなく、工数だけを増大させる。さらにインサイトには客観的に説明不能という特性もあるため、誰もがわかるような実績がない限りインサイトをいくら説明しようが無駄である。

２０２４年現在においては、スタートアップの資金調達はおおよそ2年間使用する資金を調達する場合が多い。これが3ヶ月間の資金しか調達できないとなればどうだろう。スタートアップの経営者はほとんどの時間を投資家への説明で過ごすことになる。

このことから、事業リーダーの実質的な稼働率を高め、事業に集中させるためには社内説明を最小限に留めさせる必要がある。

なぜ段階的課題解決アプローチが生まれたのか

リーンキャンバスなどのフレームワークを生み、事業創出プロセスに大きな影響を与えた「リーンスタートアップ」に代表されるように、なぜスタートアップを研究した偉大な諸先輩方は、段階的な課題解決アプローチを奨励したのであろうか。それはソフトウェア・アプリを提供するという大前提があったからではないだろうか。

ソフトウェア・アプリを提供するという解決策がすでに決定されているならば、プロダクトについて議論するべきはそれが持つ機能ということになる。この機能を定める段階では課題解決アプローチが実務的である。機能を検討する段階では、先行者を見ても必ずしも正しい答えを見出しづらいため、常に向き合うべき問いは「このソフトウェアは顧客のオペレーション上の課題を解決するのであろうか」である。先行者らが備えている機能は必ずしも顧客が喜んで使っているとは限らないためコピーしても無駄になる可能性は大いにある。

これは機能・仕様策定時点では有用なツールとなる。

リーンスタートアップで取り上げられている事例も当然ながらクラウドツールであった。リーンスタートアップの考え方はクラウドツールやアプリを作るための考え方であって万能ではない。次章で詳しく記述するが、岡田氏は、リーンスタートアップで示されている自社のインサイトを検証するための必要最小限のサービスを指すＭＶＰ（Minimum viable product）ではなく、最初から自社が発揮できる最大性能を持ったサービス（Maximum）を投入することから始めている。

このようにリーンスタートアップ型の経営方法を取っていないのは岡田氏のビジネスがソフトウェアではなく塾型であるからだ。もしソフトウェアのビジネスを考えるならば最初からMaximumというアプローチを取ることはできない。ソフトウェアでのMaximumとは大量の機能を搭載しているということになり、開発だけで数年間を必要としてしまいソフトウェアの事業創出においては

Maximumから入るアプローチは実務的に不可能だからだ。

例えばナイルの高橋氏が「低所得だと車が持てない」という課題から解決策を限定せずに発想したとしよう。低価格の車を作ってもよいし、低所得層特化の銀行を作ってもよい。ただしどちらもナイルの能力から実現できるかというと現実的でなく、考える価値を持たない。

「解決策は後で考えればよい」と言えるのは解決策がソフトウェアであるという前提があるからだ。シリコンバレー発の考え方は「世界に拡大できるビジネスであるべきだ」という前提があるため、「小規模なアパレルブランドをたくさん作ろう」や「英語教室を作ろう」といったビジネスモデルに対して汎用性を持つ考えにはならないのだ。少なくとも２０２４年までは、ソフトウェアでどのように大きなビジネスを作るかということが主な論点であった。

リーンスタートアップに限らず、経営手法には一定の前提がある。40年前のその手の本は製造業で勝つための方法を前提に書かれているものが多い。例えば発電所を作るならどうか？　不動産業をやるならどうか？　と、前提が違えば方法は異なるのだ。

本書もそうであるが、経営に関する本は、その本が前提とする範囲を理解する必要がある。そうでなければ万能論を信じてしまい、あらゆるビジネスをリーンスタートアップで考えてしまうということになり兼ねない。リーンスタートアップの考えは必ずしも全領域のビジネスに対して万能ではないのだ。

課題解決論法は営業やマーケティングに使う

段階的課題解決論法は必ずしもビジネスの発案プロセスではないが、営業やマーケティングには大変使いやすい論法である。まずは営業のシーンを想像してみよう。営業のコミュニケーションは**「あなたにはこのような悩みはありませんか？　弊社はこのような方法であなたのお悩みを解決しますよ？　同じようなことをしている他社よりもよいですよ、なぜなら……」というように進む。顧客もこのストーリーは受け入れやすいだろう。**

また、不特定多数に対して発信をする際にも課題解決アプローチは有効だ。「弊社はこのような課題を解決しますよ。この課題意識がある人は一緒にやりましょう」と仲間や応援団を募ることは大いに有効なのである。だからこそ発信時には課題解決という考え方でプレゼンテーションがされるのだ。

このように、**課題解決アプローチは営業やマーケティング、そして仲間集めなどに有効な論法であり、必ずしもビジネス発案のプロセスである必要はないのだ。**

6 インサイトから実行へ

実業家たちは社内の承認を必要としないため、**戦略の具体化と事業の立ち上げをほとんど一体化している。計画を作るというプロセスはあるにせよ、事業創出過程の中でそこにかける割合はかなり小さい。**

しかし、企業内でこれらを実行する場合は、数行のインサイトだけで実行承認が取れるとは限らないだろう。ここではインサイト発見からどのように社内を説得し実行段階に入るべきかという留意点に簡単に触れよう。詳細な調査の方法などについては他の本に譲るものとする。

対象顧客の購入意思を示す反応はあるか

必ず行ってほしいのは顧客へ自分のアイデアをプレゼンするということだ。どのような調査にも優先させて顧客へのプレゼンをしてほしい。ここで良い反応を引き出し、購入意思をある程度確認できることが望ましい。繰り返しになるが、アンケートやインタビューでの「○○したいと考えている」という発言は購入意思の証明にはならないことに注意が必要だ。発言だけで行動が伴わないものは購入意思があるとは言えない。特に実証実験後のユーザーインタビューなどで得られた情報はポジティブに偏りすぎる。目の前にいるその事業の担当者に「その事業は私には魅力的に見えませんね」とは、思っていたとしてもほとんどの人は口にしない。「素晴らしい事業ですね、商品ができたらぜひ知らせてください」と言うのである。これを熱量の証明として使うことはできない。

社内説得の方法

筆者が新規事業の実行をプレゼンする側の場合、**「実績以外での説得を可能な限り回避する」という方法を取れないかをまず考える。**実績がない状態では、あらゆる説明材料を用意したとしても、基本的には否定されるからだ。また、インサイトによる説得を試みると多大な工数を必要としてしまう上に、成功したとしても大規模な投資を獲得しづらい。一般的に、大規模な投資は実績なしで承認されることは少ないのだ。それをするくらいであれば、説明は可能な限り回避し、販売実績を作ってしまい、その実績を持って説得を図ったほうが効率的である。

客観的に説明可能で十分な情報があり、精緻な計画が策定されている新規事業……などというものは現実的にはほぼ存在しない。実績を作れないまま、新規事業リーダーであるはずの人間が、説明のための資料作成にほとんどの時間を投入する状況に容易に陥る。

大量の客観的な証拠を要求されるような正面突破ルートに乗った時点で、実行可能性は大きく下がってしまうだろう。第三部で見られるＩ氏の事例のように、役員・部長層と事業リーダーが強い信頼関係のもとに事業を推進できるという体制であることが望ましい。

さらに、実績が出る前の事業というのは自分自身でも確信を持てない。やってみたら無理であったということは実によくある。これが何度も続くと「あいつが言っていることは大体駄目だ」と思われ、社内の信頼を損ねて何もできなくなる。この事態を避けるためにも、実績がある程度出て、他人を巻き込める状態になってから説得を図るほうが効率的である。

ただし、社内プレゼンは社内からの協力を仰ぐことができる効果もある。社内の協力が期待できそうな場合、活用するべきだ。社内には専門的な知見やネットワークを有し、自分の支援者になってくれる人がいるかもしれない。

正面突破ルートにある程度乗るにせよ、筆者の経験上**「小さな販売実績」「顧客の購入意思を示す反応」「信頼のある事業リーダーの存在」を用意できるほうが、説得性につながることが多い**。実績と事業リーダーとしての信頼を獲得することに注力するべきだ。調査や社内議論を通じて組み立てたロジックによる説得力は限定されていることを理解しておきたい。そうでないと大量の資料作成を行ったが、説得には効果的に寄与しなかったという事態になりかねない。事業リーダー自身の目的が予算の獲得にあるならば、それに対して最も効率的な方法を取るべきだろう。

なおこれはインサイト発見後に社内を実行に向けて説得するという場面についてであり、そもそも対象領域へ行くべきかという議論もなされていないなら、まず対象領域選定から始めるべきだ。

事業リーダーの熱意は十分か

全ての前提として、熱意が十分ある実行部隊がいなければあらゆるビジネスは機能しない。事業立ち上げは困難でありかつ不確実なプロセスである。これをやり抜く意思を持たず、**「とりあえず検証してみます。実証実験をします」という態度で立ち上がるビジネスはほとんどない**。次章で詳しく見ていくが、実業家たちが事業立ち上げの途中で挫折してもおかしくないタイミングは何度もある。当初想定と違ったことが発見されることは事業立ち上げでは普通なのだ。それでも高速で戦略を軌道修正し、何度も挑む態度が求められる。

十分な熱意があるかどうかを測る目安としては、「事業に対して、3ヶ月間全ての時間を使うことができるか」という問いが有効だと筆者は考えている。チームで共同責任にすると言い訳が可能になってしまう。重要なのは1人のやり抜く意思である。その1人が必要な能力を持っている人を社内外から募り、事業を組み立てていくことになる。

社内で説得をする際にも「それは誰が責任を持つのか」という問いに対し、明確かつ社内で信用がある責任者がいなければ説得性がない。

販売方法は見つかっているのか

新たなビジネスを始めるとなると、**ついつい商品・サービスというプロダクトの観点を重視してしまうが、販売・マーケティングも極めて重要な要素となる。**

今回取材をした実業家たちは全員営業・マーケティングに関する卓越した知見を持っていた。プロダクトが良ければ、営業・マーケティングは代理店に丸投げできるというのは稀である。

顧客体験を考える際には商品を購入した後だけではなく、購入前も含めて想像することが重要だ。顧客が商品をどのように認知し、どのように検討し、購買するのかという一連の体験を想像できる必要がある。

高橋氏や高原氏はマーケティングを中核的な競争力としているため、事業を考え始めたタイミングから「どう売るか」を特に重視している。筆者もB to Bでシステム系の事業を立ち上げる際に必ず社内で議論になるのは、どのチャネルで売るのかという点である。

立ち上げる事業と相性が良いチャネルを持っているのか、というのは事業の立ち上げ速度に大きな影響を与えることになる。

数値は現実と乖離していないか

数値に落とし込んだ事業計画を見ることは多いが、あまりにも現実と乖離している計画が多い。これを防ぐには先行者らの事業に関わる定量的な数値をＩＲ資料やヒアリングを通じて知り、事業計画のシミュレーションに盛り込む必要がある。すでに事業経験が豊富で、おおよその数値を知っているならこの調査プロセスを飛ばすことができるが、知らないということであれば調査はするべきだ。

特に、このような事業計画においては、マーケティング費用や開発費用に関して過少に見積もられることが多い。

１人の顧客を獲得するためには一般にＣＰＡ（cost per acquisition）、ＣＰＯ（cost per order）という販売費用を必要とする。例えば売上50万円の契約を取るためには平均的に10万円の広告費を必要とするというような概念である。これは大きな費目であるため、想定に盛り込む必要がある。

開発費も、想定以上にコストが膨らむ可能性が高い項目である。「一度開発してしまえばあとは維持費だけを考慮すればいい」といったことは、開発が重要になるビジネスにおいては発生しづらい。

開発が価値を生む事業なら、競合も当然のように開発に対して費用を投下する。そのような中で開発へ投資しなければ競争力は失われていく。想定したよりも開発費用比率が下落しないことは、ＳａａＳ企業の決算を見るとよく理解できる（２０２３年６月期、freeeのＲ＆Ｄ費用対売上比率は35・７％であり、高い水準にあり続けている）。

筆者の体感値として共有するが、プロトタイプレベルで動くコードを書くことと、会社として提供可能なソフトウェアを提供するということでは10倍以上コストは違ってくる。エンジニアに聞いて「そんなもの一週間でできますよ！」という発言があったとしても、それをそのまま開発費用の計算に用いてはならない（筆者は過去これで痛い目を見た）。

興味がある人は『Googleのソフトウェアエンジニアリング』（オライリー・ジャパン、２０２１年）などを読んでみるとよいだろう。

想定外を織り込んでいるか

次章で詳しく見ていくが、事業立ち上げ段階においては様々な想定外の事態が発生する。典型的に発生するのは以下のようなものだ。

□ インサイトが間違っていた。
□ 当初想定したチャネルが機能しなかった。
□ 売れると思った顧客層が違った。

□ 売れると思った商材が違った（複数商材を扱う場合）。

この中でインサイトが間違っていたということ以外は修正可能である。

調査だけで入手できる情報はそもそも限られているのだから、当初想定と違うことは当然発生する。調査よりも、事業立ち上げの過程で得られる情報のほうが格段に多く、正確である。戦略の修正は失敗ではなく、あらかじめ想定されていることなのだ。

社内で説明をする際にも、後から「当初話していたことと違うではないか」という批判を回避するために、ある程度幅を持った説明をしておくべきである。

第 3 部

事業立ち上げの遂行

事業立ち上げ——総論

通常業務との違い

事業立ち上げ段階においては、すでに軌道に乗っている事業の通常業務とは異なる機動的な動き方・心構えを必要とする。この段階をくぐり抜けるためには、**常に顧客・先行者から情報を取得し、機動的な戦略修正を繰り返すことが必要である。** その結果、再現性高く売れる状態に到達できる。その後は一定程度固定化されたオペレーションを高速、高効率で組織的に実行していく集中投資段階へと移行する。

本章においては、実業家らがどのようにして事業立ち上げ段階を進めていったのかを学んでいこう。

事業立ち上げと戦略の具体化は同時

実業家たちは、**戦略を具体化していくプロセスと、事業立ち上げをほぼ同時に進めている。** 調査段階で入手できる情報は限られる。そのため、具体化を進めるには業界内のプレイヤーや顧客に対してサービス案を提示し、フィードバックを得ながら軌道修正を続ける必要がある。これを行わなければ、戦略を具体化することは難しい。

調査だけで入手できる情報には限界があることを認識し、事業立ち上げのプロセスの中で戦略を具体化していくべきだ。前提となるインサイトが正確であることは必要だが、実業家たちの事例を見ていくと、多くの施策は事業立ち上げ後に入手した情報を活用し立案していることがわかる。事業立ち上げ前に全てを予測することは不可能であり、かつ必要でもない。

高頻度の情報取得と戦略修正

実業家たちは、顧客へ販売する前方に立ち続け、情報取得と戦略修正を繰り返し、自ら事業を推進している。**事業立ち上げ段階において事業のリーダーが前方にいることは必須である。**本書においては便宜的に顧客へ販売する現場のことを「前方」と呼び、そこから離れる製造・企画・社内説明などのことを「後方」と呼ぶ（優劣を示すものではない）。

後方だと、顧客の反応を直接見ることができない。事業の実務的な推進は前方にいる誰かが担うため、事業リーダーが後方にいては大きく速度が落ちるのだ。**事業リーダーが前方に立ち続け、情報取得・戦略修正・実行を高速で繰り返すことが**、事業立ち上げ段階においては必須だ。

本章では実業家たちがどのようにして情報を取得しながら戦略を修正し実行していったのかを中心に見ていく。**この段階では高度な集中力、情報感度、実行能力が要求される。実業家の実力はまさにここの段階において発揮され始める。**事業企画の段階で息切れしてしまっている場面に遭遇することがあるが、ここからがようやく実務である。

実行体制の形成

機動的な動きをするためには、適切な実行体制を作ることが欠かせない。これができないと、常に社内説明に追われて意思決定が下せず、戦略の修正もできないという状態になる。**一定の制約を加えながらも「企画・開発・販売」に関する権限を少数の人間に集中させる必要がある。**

事業立ち上げの段階では顧客と直接的に対話することを経て、大量のインサイト取得が可能になる。戦略を正しい方向に導くインサイトが前方において大量に生まれても、後方の人間を説得するという足かせ付きでは事業立ち上げの成功を大きく阻害する。前章でも説明したが、経験を共有していない人にインサイトを説明するのは難しいのだ。

さらに言うなら、成長戦略の中核となる正しいインサイトを導出できる人間は一部だ。インサイトを導出するための背景知識と事業への熱意がなければ、インサイトを見出すことはできないのだ。この特性に対して「センスがある」と表現されることもあるだろう。

インサイトを導出する能力がない人間を実行部隊の内部であれ、承認者であれ事業創出に関与させてしまうことは大きな障壁になり、経営者の大きな過失である。事業創出に関わる人間は支援・実行を担うべきであり、情報の不足や過ちの指摘だけをする人間を関与させるべきではない。

企業にとって少数の人間に権限を集中させることはリスクとも捉えられる。

権限を与えられるということはその人物に対して信頼が醸成されている必要がある。**「あの人であ**

れば妙なことはしないだろう」という信頼関係の醸成と維持があって初めて権限を得ることができる。逆に信頼されていない人物であれば常に状況説明を求められてしまうだろう。

信頼がある状態で権限を獲得し、事業立ち上げを推進する過程においても説明対象は少数に留める必要がある。このような状態を作ることにより機動的な実行体制を作ることができる。

集中

事業立ち上げという困難なプロセスをくぐり抜けるには高い集中力を必要とする。他の事業にも携わりながら、片手間で新しい事業を立ち上げる……というのは、事業の成功率を大幅に下げる要因となる。有望性のあるインサイトが発見され、**事業リーダーに確信がある状態であれば、3ヶ月程度は全ての意識を特定の事業に集中させるべきである。筆者はこれをしないことが大企業において事業が立ち上がらない主要因の1つであると考えている。事業立ち上げに慣れている人材がいないことのみならず、そもそも時間を正しい場所に投入していない。**

並行して通常業務をもたせたり、社内への説明を頻繁にさせたりするべきではない。社内説得を要求すればするほど、前方における実行戦力は手薄になる。全ての意識を特定の目標に集中させることで、得られる成果を拡大することができる。事業リーダーの意識は、徹底的に新しい事業に集中させるべきである。

特定の目標に集中することで、頭の中はその目標でいっぱいになる。あえて目標に取り憑かれた状態を作り出そう。デスクにいる以外の時間、何気ない休日、事業に関する多くの気付きが得られるだろう。もちろん集中すれば全ての事業が成功するわけではないが、最大の力を引き出すには、少なくとも「1人の人間の3ヶ月」という期間を捧げるべきではないだろうか。

留意点は、インサイトや対象領域自体が大幅に誤っていた場合である。これだといくら目標に意識を集中したとしても、事業は前に進まず無駄な資源を投入してしまう恐れがある。

顧客や先行者たちとの対話、小規模な販売を通じて、事業リーダーが「インサイトは正しい」と判断したならば、そのリーダーは特定目標のみに集中するべきだ。

顧客・協業先との対話を通じた戦略の具体化

前方に立つにも一定の準備が必要となる。第2部で説明したインサイトを中心とした成長戦略を外部の人間にも端的に説明できる状態にしよう。自らの意思を明確に伝えるためには、顧客に直接ぶつける前に業界の知見を持つ人の意見を取り入れることが大切だ。これにより、質が高い初期提案を効率的に作ることができるだろう。

「私はこのような能力と実績がある。あなたの問題をこのようにして解決したいと本気で考えている。まだ荒い状態ではあるが、一緒に考えていかないか」という提案を行えるように準備をする。

新たな顧客層や協業先へコンタクトを取ることにためらってしまう場面を多く見るが、全くためらうべきではない。新たな価値を生もうとする人間を阻害する人間はそう多くない。**明確な意思を持った状態で一歩踏み出してみれば、新たなコンタクトを取ることが難しくない**ことに気付くだろう。むしろこの段階でサービス案に対して共感されず、コンタクトを取ることすら苦労するのであればそのサービス案自体、さらにはインサイトを疑ったほうがよい。

心理的なストレスが少ないからといって、すでに知っている人だけにコンタクトを取るべきではない。すでに知っている人が、正しいアプローチ先であるとは限らない。対象人物を正しく特定し、臆せずコンタクトを図るべきだ。この動き方は事業立ち上げを何度か経験すると慣れていくものだ。

自らの意思を伝え、フィードバックを受けることで実務的に有用な商材ができ上がっていく。

この段階では、当初考えていたことに対する批判を多く受けることになる。これは必ずしも人間にとって楽なものではない（もちろん筆者も好きな訳ではない）。ただこの顧客や協業候補先からの批判は自社を成功に導くものだ。積極的に自らを批判に晒す状況を作ることで、事業を高速で成功に導ける。

集中投資への移行

事業立ち上げ段階においては資金や人を大量投入したとしても、必ずしも事業が推進しやすくなるわけではない。むしろ関係者が増えると機動的な戦略修正が難しくなる場合もある。また、事業として成立する構造が形成されていない段階での拡大は、失敗を大規模化させるだけである。

しかし、この立ち上げ段階をいつまでも続けるわけではない。事業の進展を見ながら、**何に投資すれば再現性高く事業が伸びるのかが明らかになっていく。その投資対象と投資後のオペレーションに十分な自信を持てるようになったら、集中投資を実行する。**この集中投資により、事業の可能性を最大限に引き出すことができる。**競争環境を考えると、この集中投資段階に早期に移行できないと、競合が先に集中投資を行い、大きく突き放されてしまう可能性がある。**

「何に集中投資をすれば事業は伸びるのか。どのような実績からそう言えるのか」

これは起業家ならば投資家への説明の際にも、社内で事業立ち上げを行うなら社内説明の際にも、明確に述べる必要がある。早い段階で、**特定の要素に投資して事業が伸びたという実績を作ることが重要である。**

集中投資の段階までくると、事業リーダーは前方から後方への移動を始める。再現性のある商材を作ることができているので、組織全体を高効率・高速で機能させることに、会社の主要課題も移行するからである。

撤退・停止

事業立ち上げ段階においては、必ず成功させるという強い意思と同時に、困難な場合に勇気を持って事業停止の判断を下すという矛盾した考えを併せ持つ必要がある。

事業停止・撤退を決定するのは形式的要件である必要はなく**「自社が思い描いた目標を実現し得ない」**と確信したタイミングであるべきだ。成長戦略の骨格であるインサイト自体が間違っていたなら撤退は決定的である。そこまで決定的でなくとも、他に推進できる可能性がある事業があるなら「思ったより収益性が悪いので他の事業に取り組んだほうが良い」という判断になってもいいだろう。

他に推進できる事業案がない場合は、**インサイト自体が間違っていたという決定的要因があったとしても、惰性で続けて撤退できないという状況が頻繁に起きる。**撤退の決定には、他に取り組める事業案の存在が必要となる。正しい意思決定をするには、常に複数の事業案を併存させ、選択肢を１つに絞らない状態にしておくべきである。

第1章

事業立ち上げの方法論

本章では実業家と大企業における事業立ち上げの事例を通じて、そのプロセスと成功要因について解説していく。

事業領域の選定やインサイトの発見、そして事業の立ち上げという3つの要素に関して、実業家らと企業における事業立ち上げでも考え方は基本的に同じだが、注意すべき点や動き方などにおいて異なる点が出てくる。

特に社内説得においての動き方は、創業者である実業家と組織内の担当者で明確に違ってくる。

自分が置かれた立場と照らし合わせながら読んでいただきたい。

1 実業家らの事業立ち上げ

実業家らがインサイトを得たあと、どのように事業を立ち上げていったのかを見ていこう。事業立ち上げに関する説明は個別性が高いため、事例と解説を混ぜながら記述していく。

プログリット　岡田氏

サービス開発

「英語学習をやり切る」という事業を開始しようと決めたあと、岡田氏はなんと1週間で初期版のサービスを作り上げた（当時の名前はコンセプトを反映し「Tokkun English」であった）。様々な英語学習の書籍や論文を読み漁り、英語学習の5ステップという方法論を作り、既存の方法論を組み合わせてカリキュラム化した。目覚ましいスピードである。

２０２４年現在、プログリットは教材のほとんどを自社で開発している。先行者は多かったが、専門家を採用し自社で作ったほうが優れたものにできると判断したのである。実は「先行している」「歴史がある」という要素は、競争を支える力としては弱く曖昧で、鋭いインサイトを持った新規参入者の強い打撃には耐えられない。

利用方法

サービス開始当初、岡田氏はＴＯＥＩＣのスコアを２ヶ月で上達させるということを訴求内容にしていた。日本では英語学習ならＴＯＥＩＣが適していると考えていたのだ。ただ、ここで予想外のことが起きる。最初の問い合わせが「ビジネス英語を身につけたい」というものだったのだ。つまりＴＯＥＩＣのようなテストを受けるのではなく、ビジネスの現場で使える英語を身につけたいという需要が把握できたのである。

岡田氏は創業時に自社で生み出した英語学習の方法論という骨子（英語学習の5ステップと呼ばれている）は保ちながら、この想定外の需要に対応する新たな内容の追加をすぐに行った。その結果成約し、この人は最初の顧客となった。

このように**顧客の属性や実現する価値の詳細について、事前に予見することは極めて難しい。予測は一定程度諦め、事業立ち上げの過程で最適化を行うというのが現実的なアプローチである。**

改めて考えてみれば、プログリットのサービスは顧客の英語上達という複雑な課題を解き明かし、行動計画を作るということに価値がある。課題が複雑だからこそ独学ではやりづらく、プロと伴走する意味があった。一方でＴＯＥＩＣを攻略するというのは目標が明確なぶん道筋を立てやすいため、独学でもできそうだという感覚になる。パーソナルコーチング型のサービスとビジネス英語の相性は良く、同社にとってはビジネス英語が売上の大部分を占めるに至った。

当然のように聞こえるが、事前にこれを予測することは難しく、またその必要もないのだ。

それでは顧客像や利用シーンは全く想定しなくてもよいものかというとそれも違う。顧客像・利用シーンを想定しなければ、サービスを形にしていくことはできない。サービスを作る段階では、ある強い自信を持って「このような顧客に役に立つだろう」ということを考える必要がある。一方サービスを出したあとは「自分の考えは間違っているかもしれない。実際の需要に導かれよう」と考えられる柔軟性が大切だ。

強い自信と柔軟性を併せ持つ必要がある。

顧客像

プログリットは当初から高価格でサービスをリリースした。利用者となったのは「深刻に英語を身につける必要があるが、自分ではその方針を明らかにできず、独学でやりきれる自信がない」という利用者であった。

営業

プログリットの事業を急速に拡大できた重要な要因は岡田氏の営業能力にある。サービス開始当初、岡田氏が全ての営業を担っていたが、この方法が英語業界にとって斬新だったのだ。

通常の営業は「このカリキュラムをやりましょう」というカリキュラム起点で対話を進めていくと

ころ、岡田氏は「なぜあなたの英語が上達しないのか？　課題は何か？」と個人をコンサルティングしていくプロセスで進める方法をとった。岡田氏はコンサルティング会社で学んだ方法論を英語学習業界に持ち込むという方法で新規性を出したのである。

この段階で岡田氏は現在のプログリットでも使われている営業方法を確立していく。

仮にこのような方法での営業を代理店などに担わせることはできたであろうか？　業界内でこのような営業を経験した人材はほぼおらず、極めて難しかっただろう。事業リーダー自身が営業にコミットすることは極めて重要である。**自分が売れないものは他人にも売れないことを認識し、事業リーダー自らが営業を行うべきだ。**

マーケティング

岡田氏も共同創業社の山碕氏もマーケティングに関しては未経験であった。未経験であったからこそ、全ての方法を試してみようとなった。ＳＮＳ広告、Google広告、アフィリエイトなど、思いつくもの全てを試した。売上１億円の状態でＴＶＣＭへの出稿まで行った。結果的にこのＴＶＣＭは失敗であり、顧客獲得にはつながらなかった。

本書の取材時点で売上は約40億円（２０２４年・業績予想）だが、ＴＶＣＭはこの状況でも効果を出すことが難しく、売上１００億円が次の検討タイミングであると岡田氏は考えているという。高単価かつ顧客にピンポイントのアプローチを必要とするプログリットのビジネスを前提としたとき、現在の規模でのＴＶＣＭへの出稿は顧客を獲得する最適な方法ではないということであった（岡田氏の言葉を借りるなら「砂漠に水をまくようなものだ」）。

ただしＴＶＣＭの効果も事前に把握する術はほとんどない。どの媒体でどんな施策を打つか、それがどのような結果をもたらすかを予測することは非常に難しいのだ。同じ媒体を使ったとしても、売るサービスが違えば結果は全く異なるものになる。試してみる・改善する、というプロセスを非常に早いスピードで進めるべきだ。

岡田氏は創業当初から「ブランド」が重要になると認識し、長期的な取り組みを続けていた。ブランドとは、潜在的な顧客の中に作り出すサービスのイメージである。「プログリットと言えば、すごく大変だけど身につく英語学習サービス」ということを想像してもらえていれば、ブランドが確立できていることになる。２０２４年、プログリットは交通広告などを出稿しているが、そこでのメッセージは「1日3時間どこよりも学習する英語コーチングスクール」となっており、一貫性を保っていることがわかる。

ブランド確立で重要なのは、同じことを言い続けることである。英語学習であれば常に「楽に身につく」と訴求したらどうなるだろうかという誘惑がある。ここで自社の主張を曲げずに「大変だけど身につく」と言い続けることで、ブランドは形成されていく。

ブランド施策には時間を必要とするため、短期的なマーケティングデータだけを見ていてはブランドを作ることはできない。自社が提供する価値に対する信念が必要となる。

競争力の確立

2016年、岡田氏が事業を立ち上げるとほぼ同時期に、パーソナルコーチング型の英語学習サービスが複数始まった。しかし、意外なことに岡田氏は競争についてはあまり気にならなかったという。その理由は、正面からぶつかれば勝てるという自信があったからである。

業界内部のことをよく知っていれば、どのような相手と戦うことになるかをイメージすることができるようになる。競合のカリキュラム、サービス、マーケティング、営業はどのようなレベルかを想像することができ、それに自社が勝てると思えるなら差別化戦略などは必要ない。正面から迎え撃てばよい、ということになる。

岡田氏がこのような自信を持てたのは、業界内部の人と話す機会を多く持ち、よく知っていたこと、自分の熱量が大きく勝っている自信があったということであろう。

筆者はなんらかのビジネスに参入する際に、競合となる企業の社長と自分が競争した時のことを想像し、どちらがより高い熱量を長期間持ち続けられるだろうかと考える。これで自分のほうが勝っていると思えるなら、自信を持ってぶつかっていけばよい。

戦略を学ぶとすぐに棲み分けや差別化を考えてしまう人は多いが、いつかは正面から戦うことになる。毎回正面衝突を避け、ニッチに引きこもっていては大きなビジネスにはなり得ない。自社が先行したとしても、いずれ模倣品から追撃されることになる。正面から戦って勝ち続けられるような強靭な体制を構築するべきである。

スペースマーケット　重松氏

営業

スペースマーケットは当初、法人からのイベントや会議室利用の要望を受け、重松氏が人力でスペースを手配していた。このため、法人との接点を持つことが非常に重要だった。重松氏はスタートアップのピッチイベントに登壇したり、人からの紹介を受けるなどして法人との接点を増やしていった。結果的に、社内イベントを多数開催する企業などから繰り返し受注を受けることになった。ここでは重松氏個人の営業能力が大きく寄与している。また事業リーダーである重松氏が前方に立ち続けることで、機動的な動きを実現できていることにも注目するべきだ。

この当時は「ポップアップストアをやりたい」「ツタンカーメン展をやりたい」「寿司屋を借り切ってCM撮影をしたい」「昆虫展をやりたい」「ブランドのシークレットパーティーをやりたい」など、様々な要望が直接またはPR会社経由で入ってきたという。中には増上寺を借りて会社のイベントを行うというものもあった。現在でも寺は人気スペースの1つである。一方、創業時インサイトを与えた野球場に関しては、あまり需要はなかったという(第2部第1章顧客インサイトの発見を参照)。

ここでスペースマーケットを導くことになったものは「顧客の無茶振り」である。法人顧客から様々な無茶振りとも言える相談が寄せられ、これになんとか対応する過程で法人が望むスペースはどのようなものかを把握していった。そして、実際に案件がある状態で対象スペースに対して「来月、このようなイベントがあるので貸してほしい」という営業をかけることができた。

プラットフォーム型サービスは顧客が望むものを揃える必要がある。顧客が望むものを把握しないままスペース登録をしても、「掲載したものの全然予約が入らない」というスペースが多数生まれ、営業効率が大きく下がってしまう。**これを防ぐ手段が「顧客の要望起点でスペースを探し、データベースを増やしていく」という地道な方法なのだ。**

また、「コストはある程度かかってもよいから来週までになんとかしてくれないか」という無茶振りは、顧客側の強い需要を証明するものである。このような無茶振りに安定して応えられるようになれば、請求額を高く設定しやすく単価をあげることもできる。

また、創業当初から把握していた需要には、個人利用での「コスプレ撮影」があった。コスプレ撮影のために1日10万円でハウススタジオを借りていたところ、レンタルスペースであれば本物の古民家を2～3万円で借りられる。これは明らかなメリットと言えるだろう。この他にも室内ハロウィンなど、レンタルスペースには様々な需要が見られた。

ここで重要なのは、**ここまでに挙げた法人・個人の需要を、事業立ち上げ前から予測することは不可能であり、必要もないということである。インサイト発見の時点では需要の一部を知ってさえいればいい。重松氏の場合はその一部をインサイト発見段階において知っていたが、当人が驚くような需要が次々に登場することになる。**

事業立ち上げ段階では顧客の需要に導かれるようにして、会社の形を最適化する必要がある。顧客の属性や需要に関する予測は、裏切られることが前提であると考えよう。事前の想定と異なるため軌道修正に時間がかかる、ということはあってはならない。需要には即対応が基本だ。

例えば「貸し会議室」の需要を見込んで立ち上げたが、実際の需要は「コスプレ撮影」がほとんどという事態に直面したらどうするか？　当然すぐに、コスプレに適したスペースの掲載を増やし、マーケティングの施策もコスプレ撮影利用者向けに修正するべきである。

このときに「なぜコスプレなのか。短期的なデータだけではなく本当に長期的な需要が見込めるのか。なぜ弊社がそれをやるのか」など議論し、その修正に2ヶ月かけていては事業立ち上げの体制構築に失敗しているということである。

社内で事業立ち上げを試みる人は、「顧客の属性や用途は現段階の想定と大きく変更されることが予想されるので、需要に合わせ即時戦略の軌道修正を行います」という了承を事前に取り、機動的な体制を構築しておくことが重要だ。

また、事業リーダーは自分の想定が間違っていたことを受け入れる心の強さを持つべきだ。想定が外れたことが明らかになっても「努力が足りないのだ、もっと啓蒙すれば共感する顧客が増え……」と考えるのは、失敗の大規模化につながる（この状態で10年間過ごす人は珍しくない）。

事業策定に1年間、プロダクトの開発に1年間、そこから事業を2年間運営、合計4年間やってみたが、黒字化の目処が絶たず結局撤退という事例は多い。このような例に関しては、リスクの高い事業であれば事業策定の期間を短縮できなかったのかを考えるべきだし、事業立ち上げ後に修正の機会はいくらでもあったはずなのに**なぜ戦略を大きく変更しないまま2年間もやってしまったのか、という機動力の欠如に焦点を当てるべきだろう。**

「事前にこのようなことが予測できなかったから失敗した」というのは、機動力の欠如という失敗要因から目を逸らし、入念に検討すれば成功したという印象を与える。この振り返りが生むのは事業策定段階の長期化であり、より機動力を下げる方向性に動く。
顧客属性および需要を定量的に予測することは極めて難しい。予測精度を上げるよりも**機動的に動ける体制構築**に努めるべきだ。

競争力

特にスペースマーケットの事例から学ぶことが多いのは競争に関してである。スペースマーケットはスタートアップとして目立ってもいたため、大手企業を含め、多くの参入者を呼び込むことになった。「とりあえず参入する」という程度であれば非常にやりやすいビジネスなのだ。また、ビジネスモデルも理解しやすく、特に不動産に関わっている事業者であればすでに持っている顧客接点も活用できるため参入しやすかったのであろう。

しかし、ビジネスとして成立させ継続的に成長を続けることは全く楽ではない。顧客を獲得するためには法人営業とマーケティングを地道に続ける必要があり、スペース掲載数を増やすにも地道な営業を必要とする。

さらに、プラットフォーム型のビジネスは利用者（イベントなどを開催する企業・個人）と提供者（スペースを保有・運営している企業・個人）をバランスよく成長させていく必要があり、どちらかのみにリソースを傾けると損失が拡大する。

スペースマーケットは競合に勝つために10億円以上の資金調達も行った。結果として多くの大手競合は3年も続かず撤退に追い込まれ、２０２４年現在、継続して競争をしているのはスタートアップ系数社という状態になった。多くの大手企業は追撃戦を行える実力も意思も持たなかったのである。

さて、この事例から追撃を試みた大手企業がなぜ成功しなかったのかを考えてみよう。

大手企業の失敗の要因①意思の欠如

なぜ投入資金量で大手企業はスペースマーケットに対して負けているのだろうか。端的には、レンタルスペースという業界を制覇するための意思の欠如が要因だろう。資金自体はあるのだ。多くの競合が参入した２０１５～２０１７年頃は、レンタルスペース事業は不確実性の高い領域だった。投入した資金に対して蓋然性のあるリターンを望めるかについてのわかりやすい証拠は乏しかった。そこに対して少なくとも10億円を投入するといった意思を持てなかったのだろう。

大手企業は、自社が慣れておらず、不確実性が高い領域に対する投資意欲は基本的に低い。一方で自社が慣れている領域ならば、たとえ不確実性が高くても、実は積極的に投資している。例えば消費財メーカーでは、製品になる可能性が５％以下の技術開発へも日常的に投資を行っている。**大手企業は不確実性を嫌うのではなく、慣れていないものを極端に嫌う傾向がある。**「レンタルスペースプラットフォーム事業への投資」は不動産系などの企業にとっても、結局は慣れていないものであったということだ。実際に、この事業を推進するために必要な能力もほとんど持っていない。

また、同等程度の資金を投入しないのであれば、いかに最小限のコストで実現するか効率性を追求する必要があるが、この苦難をくぐり抜ける意思もなかった。資金がないとなれば、人は雇えずマーケティング費用も使えない。オフィスなどの間接費も最低限であることを求められる。これに対して「創意工夫で10億円以上資金を投入している競合と同等程度の競争力を持て」という任務は非常に苦しく、難しいものであろう。

大手企業の失敗の要因②実力の欠如

スペースマーケットと同等程度の意思を持ち、レンタルスペースプラットフォームの創出に挑む企業があるとしよう。

この企業はどのような実力を持つことを要求されるだろう。多くの観点があるが特に以下の要素を持つ必要があるだろう。

webマーケティング

特に個人の利用者を獲得していくにはwebマーケティングが欠かせない。SEOなどが重要な知識になっていく。

法人営業

法人顧客を獲得し、安定的にスペースを手配し続ける体制が必要となる。

スペース掲載の営業

魅力的なスペースを持つスペースオーナーや運用者からの掲載数を増やし続ける必要がある。オーナー側が掲載してくれることもあるが、特に魅力的なスペースに対しては能動的に掲載してもらう営業が必要となる。

参入するにはこれらの営業能力、マーケティング能力をすでに持っているかもしくは作り上げる必要がある。すでに近い能力を持つのは、例えば楽天やリクルートなど、ＥＣモールやＯＴＡを運営している会社などが挙げられるであろう。

その企業がスペースマーケットに対して本気の追撃戦を展開すれば、激しい競争になっていた可能性はある。実際、これらの実力を持っている企業がスペースマーケットを真似したいと考え、協業や資本業務提携を申し込んできたこともあったそうだ。重松氏は当時、明らかに資本業務提携目的ではなく「真似してやる」という意思を感じとれたため、内部情報を送ることは拒否したそうだ。

スペースレンタル事業を行う他の競合には、ティーケーピーや軒先ビジネスなど、大口の法人需要をすでに一定数取り込んでいるプレイヤーがいる。ビジネスモデルとしてはスペースマーケットと相当似たものである。これらの先行者がスペースマーケットに新規参入を許してしまった理由はどこにあるだろうか。

それは、取引にかかる手間は大口契約とさして変わらないのに単価が低い小口取引が面倒だからである。重松氏はスペースマーケットの売上が一定程度伸びてきたあとに、それらの事業を経営する経営者たちと話す機会があったそうだ。そのとき出てきたのは「その需要があることは知っていた。しかし、小口は面倒なので注力できなかった」という言葉だったという。

この現象は常に見られる。企業は限定されたリソースを最も効率的に儲けられると考えるものに投入するため、小口が手薄になるのは宿命である。経営者が「小口も取り込むべきではないか」と話しても「小口100件よりも大口1件のほうが効率的に売上が上がるんですよ、私の評価は粗利で決まるんですよね？　給料落ちるじゃないですか。社長は確信もないのにそれをやれと言えるんですか？　それとも社長が小口対応してくれるんですか？」と営業に言われたら反論することは難しい。

このような組織の状態を想定できれば、小口からの新規参入にも安心して取り組みやすいだろう。小口に参入するなら問うべきは「自分らは小口でも利益を出せる構造を確立できるだろうか」ということだ。

マーケティング

スペースマーケットの事業を成功させる上で欠かせない要素は、個人向けのマーケティングである。個人に対しては法人のようにこちらから営業するわけにもいかないので、顧客側から来てもらう必要がある。

有効だった手段は、第一にＳＥＯである。「貸し会議室」というキーワードはすでに競争が激しかったが「レンタルスペース」というキーワードはまだ競争が緩やかであった。レンタルスペースというキーワードの検索量を時系列で見てみると、２０１５年頃から成長していることがわかるだろう（図5）。これはトレンドとして盛り上がったと同時に、スペースマーケットがメディア露出を積極的に

図5:「レンタルスペース」というキーワードの検索ボリューム推移

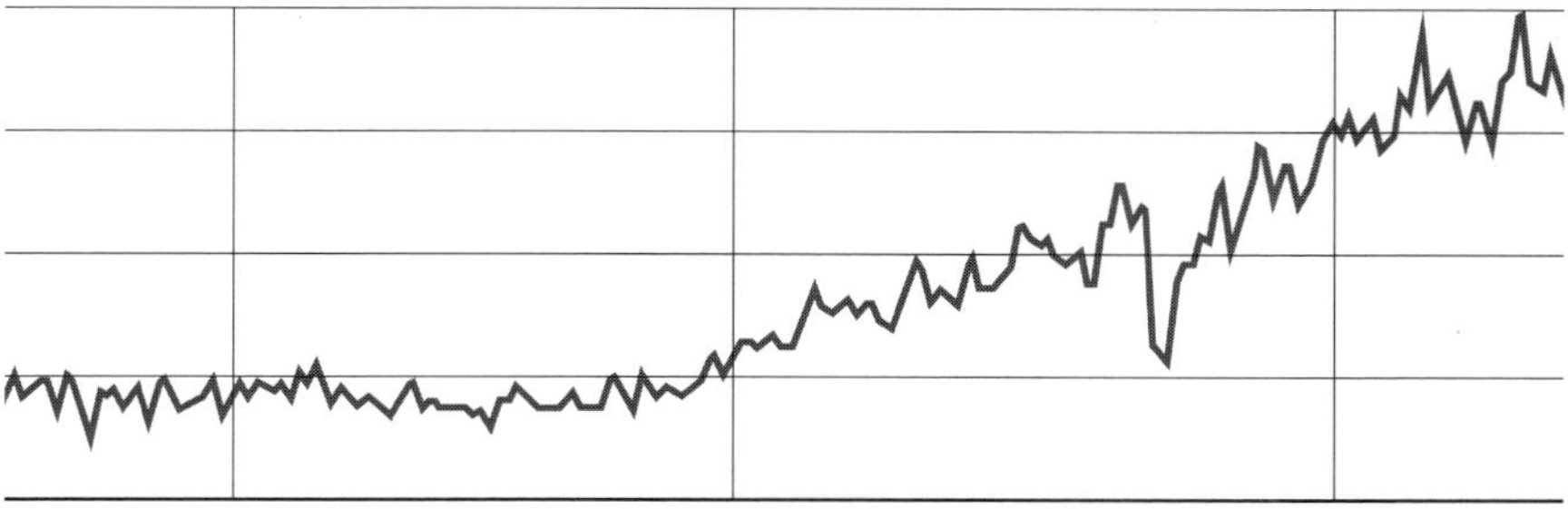

行った貢献もあるだろう。まさしく１つのカテゴリの勃興と共にスペースマーケットの成長はあったのだ。

重松氏はテクノロジーの登場により小口取引が活性化することを事前に認識した。そしてレンタルスペースという領域において長期的な努力をした結果、そのトレンドと共に会社を成長させることができたのだ。

ナイル　高橋氏

協業の実現

高橋氏の事例では、特に「協業を通じたサービスの創出プロセス」に注目する。インサイト発見の段階で「人は数百万円する車をｗｅｂで購入はしないが、月２万円のカーリースサービスにはｗｅｂで金を払う。車両などの資産を自社では保有しない状態で成長速度を保ち、自社ブランドのカーリース商品を作り、それをｗｅｂで売ればうまくいくだろう」ということを見抜いていたが、これを実現するのは容易ではない。

カーリース、ディーラー、レンタカーなど、協業先になり得る会社に対してテレアポや紹介を通じて対面。**自分がやりたいと考えているビジネスをプレゼンし、フィードバックを受けながら事業戦略の具体化と協業の交渉を進めていった。**

現在重要な協業先となっている金融事業者とは、10回以上の折衝を行い契約書への落とし込みを進めていった。軽い気持ちで参入したという程度では、このプロセスをくぐり抜けることは困難であっただろう。

折衝の過程では多くの論点があったが、大きなものの1つでは、ナイルが自社ブランドとしてカーリース商品を持てるようにすることだった。つまり顧客から見えているのはナイルのカーリース商品(「カルモくん」という商品名である)だけであり、協業先である金融系事業者は登場しない。

高橋氏は調査でディーラーの利益はメンテナンスサービスに半分程度を依存していることを知っていた。これを実現するためには自社のブランドを持ち、メンテナンスサービスの利益まで取り込む必要性を認識していたのだ。

また、協業の交渉を進めていく過程で、交渉先からは独占的契約をできないかという提案があった。この提案はナイルにまだ車を販売する実績がない中、初のパートナーとなるなら妥当な提案であろう。この時点での交渉先は実績がないナイルとの協業に向けて多くの時間を投入するというリスクを取っている。そのリスクを取っているのに、後から協業を行った相手と条件が同等では割に合わないということである。

しかし高橋氏は、事業全体において独占的契約を結ぶことは、結果としてビジネスの成長を妨げるだけでお互いにメリットにならないということを入念に説明し、独占契約の対象を事業の一部領域に限定した。結果、事業全体においては複数の金融事業者と提携可能な状態を実現した。

入念な交渉の結果、協業先の意向を踏まえながらも、以下のような自社の戦略的な目標に対しては譲らず契約を締結できたのである。

□ 自社ブランドとして運営しメンテナンス収益を取り込む。
□ 複数の金融事業者と組む。
□ 金融事業者側が資産・負債を持つ構造にして、速いスピードでの拡大を可能とする。

顧客と協業先との対話では、得られるものがやや異なる。

顧客との対話からは「どのようなことを実現する商品」が欲しいかを正確に把握できる一方で、サービスの具体像やビジネスの構造の気付きを得られるわけではない。顧客が「御社の成長のためには資産・負債を持たないほうがいいですよ」とは言ってくれないのだ。

協業先とは対話を通じて共にサービス像を作り上げることができる。今回の協業先となった金融系事業者とは事業の構造を詳細に議論し、資産・負債を持たない事業モデルを作り上げることができた。一方で必ずしも、協業先が顧客インサイトを自分と同等程度に持っているとは限らないため、やはり自社で顧客インサイトを持ち、議論を主導する必要がある。

顧客、協業先との対話をしないまま事業を立ち上げることは非常に難しい。**事業創出に取り組みたいならば真っ先に行うことは顧客、協業先との対話となる。**

また、元々知っている相手との議論に終始し、本来対話をするべき相手との対話から逃げないことが大切だ。高橋氏は自ら新規のアポイントを獲得し、サービスを作り上げていった。また、今回は協業先と金融商品を作り上げることが必須だったので、顧客よりも協業先との議論を重視したことは妥当であった。

商品の具体像がない中で顧客と話しても「他社でカーリースの審査に落ちてしまった。手軽に契約できて、200万円程のカーリースで簡単に組めるものがあればいいのに」という以上の話を把握することは難しかったであろう。岡田氏のように顧客との対話を重視している例もあり、**状況に応じて対話するべき相手を適切に定める必要がある。**

サービスの最適化

ナイルにとって初のカーリース販売事業を立ち上げていく過程では、想定外の事態が多数発生した。例えば初期は与信枠が低いユーザーが多く流入し、審査落ちが続出する状態となってしまった。他のカーリースが組めなかった結果、自分でも組めそうなリースを探し回った結果であろう。この状態を解消するためにメディア露出を積極的に行い、コーポレートサイトも整備し、信頼に足る門構えとなるようにした。

審査基準に関しても金融事業者と共に調整を行い、当初の基準よりも緩和し、より多くのユーザーが利用できるようにした。

高橋氏は顧客像を正しく捉え続け、サービスの最適化を図るため、継続的に利用者と会話したり、利用者と毎日接しているセールススタッフからヒアリングしたりするようにしているという。

マーケティング

ナイルは自社のマーケティングの能力を活用することで、大きな優位性を築いた。カーリース事業のマーケティングを外部に委託する企業と、経験豊富な自社で運営する企業とでは、競争力に大きな差が出るのは当然だ。

マーケティングに限らないが、事業を成立させるための重要な要素を外部に委託してしまうことは、自社の競争力の大幅な減少につながる。特に、営業やマーケティングを外部に委託してしまい、新規事業の立ち上げに失敗するケースは非常に多い。

営業・マーケティングを内製化する理由は、販売面における優位性を確保するのと同時に顧客ニーズを敏感に察知し、サービスの最適化を早いスピードで進めるためである。どのようなキーワードで集客できるのか、どのようなＬＰであればコンバージョンが良いのか、ということを察知したら即実戦に落とし込む。そのような積み重ねから顧客理解を深めていけるのだ。

2 実業家らの事例を通じた学び

実行可能な戦略策定と事業立ち上げの同時進行

実業家らの事例を見ると、サービスコンセプトを決めたあとはすぐに事業立ち上げに入っていることがわかる。領域の設定→インサイトの発見→サービスコンセプトの決定→事業立ち上げの実行→集中投資段階への移行と進めていくのが実業家らの基本的なアプローチである。

戦略の具体化は、事業案を持って顧客や協業先に出向き、実際にサービスを提供したり、対話したりして進めることが最も効率的である。外部情報からの調査を用いてもある程度進めることはできるが、取得できる情報には限界があるため、一定程度調査を行ったら実務に入ってしまうことが最も効率的な戦略策定となる。

調査情報を活用するのは「対象領域の設定」から初期的な「インサイトの発見」までが主である。そのあとは顧客や協業先などにインタビューする場合も、高橋氏が行っていたように、**自分が行いたいビジネスを簡単にプレゼンし、どう思うかを聞いていく、協業に向けた対話をする、というアプローチを取るべきである。**具体的な話をぶつけるからこそ、重要な情報を引き出すことができる。

事業創出に際しては、以下の手順を推奨する。筆者もほとんどの場合はこのプロセスを経て事業創出を進めている。

①調査情報や断片的な情報から初期的なインサイトを得る。
←
②インサイトに対して業界の経験者からフィードバックをもらう。
←
③インサイトを外部に説明可能な状態にし、顧客に対してぶつけてフィードバックをもらい改善する（この段階で戦略の具体化と事業立ち上げが同時進行していく）。

業界の経験者からフィードバックをもらう段階で、多くの課題が解決する。外部から見たら非合理的な構造でも、業界内部の事情を踏まえれば合理的であるということは頻繁に見られる。例えばなぜ不動産・建築会社はFAXを使うのかなどが典型的だ。

自分で課題を解決していくのは時間と資金を必要とする。「経験者に話を聞けば解決する問題」ならば、話を聞いてしまえばよい。これで解決することは驚くほど多く、自分で解決することと比較するとコストも格段に安く早い。

経験者・専門家らの知見を盛り込むことで、聞くに値するサービス案に仕上げていくことができる。このサービス案は一定の水準にないとプレゼンをしても「このサービス案は何度も聞いたけど、全員駄目だったな」「妄想みたいな話で実態は違うんだよな」と見られてしまい、有効なフィードバックを得ることすらできない。次ページ図6が事業創出の戦略をイメージしたものだ。

図6：事業創出の戦略イメージ

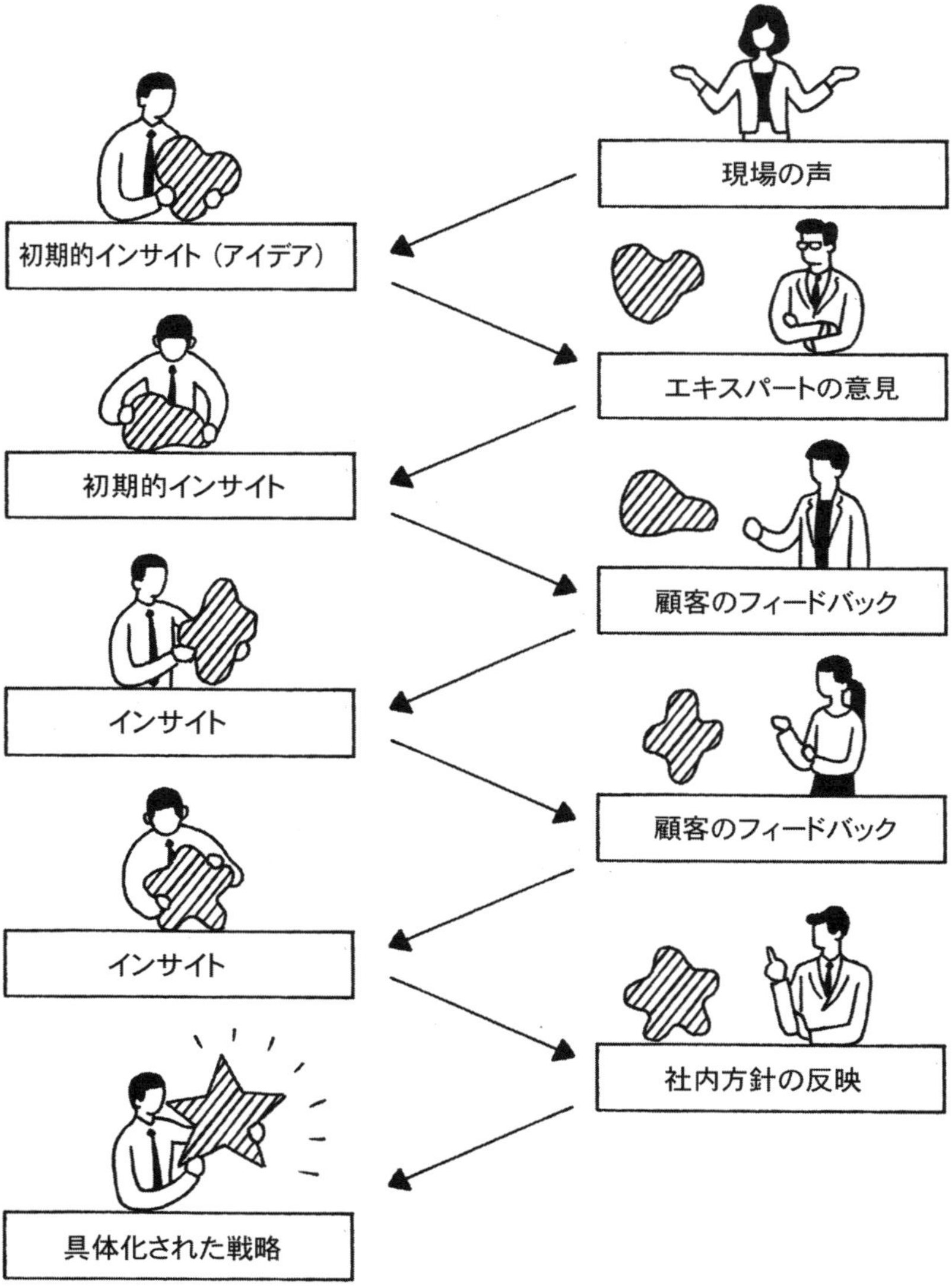

接戦での競争

インサイトが正しかったとしても、勝利は保証されていない。有望性が高いビジネスであればあるほど競合も当然のように勝利を目指すため、激しい競争が繰り広げられる。これを戦い抜く必要がある。

岡田氏、重松氏、高橋氏は全て熾烈な競争環境の中で優位性を保ち、事業を成長させていった。岡田氏の場合は自社の方向性を競合調査ではなく、顧客に向き合うことで導いている。しかし、競争をしていないわけではない。「誰よりも顧客に向き合う」ことが岡田氏の競争戦略なのだ。

遅かれ早かれ、自社と似たようなサービスを展開する企業は現れる。勝敗を決するのは、細部までやり抜く実行力である。表面的には似たようなことをしていても、強烈な熱意を持って全力でサービスを開発し、営業し、マーケティングなどあらゆる施策に取り組む場合、結果としての競争力は全く異なるものになる。

想定外への機動的な対応

サービス開始当初、岡田氏は「ビジネス英語を伸ばしたい」という需要を想定していなかった。

重松氏はレンタルスペースの利用方法別の需要量を認識していたわけではなかった。

高橋氏は会社自体の信頼度の重要性や流入するであろう顧客の与信枠を予測していたわけではな

かった。

想定外は頻繁にあるが、いかなる状況でも機動的に動き自社の戦略を修正して対応していく必要がある。

事業リーダーは前方業務に携わって積極的に情報を収集し、機動的な戦略修正を主導するべきである。岡田氏、重松氏、高橋氏は全員が事業立ち上げ時、前方業務に注力し、営業や重要な協業先との交渉、マーケティングの状況を詳細に把握していた。後方にいては情報を取得することは難しく、戦略を修正するにも時間がかかる。**機動的な体制で事業立ち上げに挑むことは極めて重要な要素である。**

事業立ち上げの準備段階においては、調査・戦略の具体化に焦点が当たりがちであるが、同時に機動力を持てる体制を整備するべきである。

3 大企業内での事業立ち上げ事例

ここで、大企業内で事業立ち上げに挑んだ事例を見ることによって、大企業ならではの組織的な課題をどう解消するのかを考えていこう。ここで挙げる事例は、広報を介すると出せる情報が極めて少なくなってしまうということで、匿名を前提に回答いただいている。このため、個社の特定につながる情報は除去せざるを得ないが、十分な学びを得ることができる。

ここでは事業立ち上げ段階を中心に記述するが、対象領域選定・インサイト発見に関しても簡単に記述しよう。

金融系事業者（K社）によるSaaS参入（I氏）

大手金融系事業者のK社が金融関係のSaaS事業を立ち上げ、2年弱でARR（年間経常収益）2億円弱という状態に至っている事例を見てみよう。

対象領域選定

K社の事業担当者であるI氏は金融×デジタル領域にあらかじめ絞って事業機会を探索した。K社はこの領域に対し取り組むモチベーションを会社全体として持っており、一定の能力も保持していた。

I氏が所属していたデジタル系のサービス開発を担う部署に対しては、他部署から「このようなサービスを作ってくれないか」という要望が多く寄せられる状態であり、その中からI氏が妥当だと思うサービスを選定していくことができた。

インサイト発見

対象領域を絞った結果、K社はインサイト発見に関して極めて有利な立場を得た。なぜなら、非金融業の会社が金融のオペレーションを詳細に把握することは難しく、よってインサイトが得づらい状態だからだ。I氏はさらに「K社自体が自社の課題と感じるようなオペレーションを改善するソフトウェア開発」に検討対象領域を絞った。この領域内であれば自社内部で多数のヒアリングをすることが可能になり、インサイト発見を進めやすかった。

このような場合、オペレーションを担っている部署が快くヒアリングに協力してくれることが必要となるが、「自分たちの課題解決につながるソフトウェアを作ってくれるならば協力しよう」ということで常に協力的な状態を維持することができた。

I氏はこの時点から競争環境を強く意識していた。スタートアップでも発見可能なインサイトであれば、苛烈な営業・マーケティング争いに巻き込まれることは必至であるため、理解が難しい事業を選択するようにした。機動力に乏しい自社ではこの戦いを勝ち抜くことは難しいと当初から考えていたのだ。これは自社の能力を正しく把握していたからできた判断だった。

一時期、I氏は「請求書処理」に関する事業も検討したが、自社の課題感があまり強くないことに加え、他社でも発見できるインサイトのため、見送った。２０２４年現在、請求書処理に関する競争は激化している。

以上のことから大きな組織において、事業が立ち上がる条件には次の3点が大きいと言えそうだ。

□会社全体が取り組むモチベーションを持っている。
□自社の能力を踏まえ、十分な実行能力を持つ。
□他社では発見しづらいインサイトである。

体制

I氏が所属していたのはソフトウェアの開発を通じ、K社全体のオペレーション改善ならびにサービス開発に取り組む部署である。この部署の部長は担当役員との密接な信頼性を築いており、常にカジュアルに相談できる状態にあった。また、その担当役員は所属する社員個々人の能力をよく把握している状態でもあった。

また、I氏が所属していた部署は、新たな金融商品の創出やオペレーション改善においてすでに多数の実績があり、社内でも一目置かれるチームであった。

この体制（適切な担当役員・部長・権限を集中された事業リーダーという少数の強い信頼で結ばれた関係）で事業に取り組むことができたため、想定外の事態に対しても社内説明に工数を取られることなく、高

い機動性を持って戦略修正を実現することができた。

またこれが極めて重要であるが、**Ｉ氏は立ち上げ初期の顧客ヒアリングや初期営業から、ビジネスモデル設計、そしてＲ＆Ｄ（研究開発）からソフトウェア開発に至る全ての工程に深く踏み込み、オーナーとしてサービス設計を実施した。**これらの作業を分担していないのである。Ｉ氏は、事業立ち上げは分担ではなく、１人の頭の中で全て行うべきだと考えているという。高い信頼度を持つ１人に事業立ち上げの権限を集中させ、他の業務から解放することが重要であることがわかる。

会社としての意義作り

Ｋ社の売上高はかなり大きく、売上を比較されるとどうしても「なぜそのような小規模な事業に取り組むのか」という疑問の声を投げられることは必至であった。ＤＸブーム（２０２４年現在はそのような流行がある）の勢いで立ち上げたとしても、後に常にプレッシャーをかけられることになることは容易に想像できた。経営陣が交代し方針が転換することもよくある。

このような事業を潰すためのプレッシャーを回避し、自社が取り組む意義を作る必要があった。

Ｉ氏が作ったストーリーは「自社にはこのような課題がある。これを解決するソフトウェアを作る。いずれにせよ外部に発注して高額なソフトウェアを作るならば金を使うことには変わりない。最悪、外部からの売上がゼロだったとしても、どうせ使う予定だった金なのだからよいではないか。自社で取り組めばベンダー依存にならず、自社である程度デジタル施策をグリップする能力を手に入れることもできる」というものである。

この結果、外部からの想定売上を計算してプレゼンするということを回避し、現在に至っている。

「この事業はいずれ大きくなり、少なくとも10年後には意義が出るから今は耐えよう」というストーリーではなく「短期的にも取り組む意義がある」というストーリーを作ることによって、社内から潰されるというプレッシャーを回避することにＩ氏は成功した。

競争

Ｉ氏が立ち上げた事業には明確な競合が２社いた。これはスタートアップのような機動力があるプレイヤーではなく、旧来からいる高額かつ性能はあまりよくない金融系ソフトウェアベンダーである。Ｉ氏は調査段階でこの競合を認識しており、実力もある程度把握していた。自社の能力なら価格・性能両面で遥かに優れたソフトウェアを作れるという自信があった。

想定外への対応

想定外だったのは、競合企業が大口顧客企業に深く入り込んでおり、顧客が他のサービスに切り替えることが非常に難しい状況になっていることであった。価格・性能両面で有利であっても、これをはがすためには長期間の営業が必要になる。10社ほど話した時点でＩ氏は、競合企業の主要顧客に対して顧客がサービスを切り替えるスイッチング営業をかけるのではなく、「価格が高い」や「導入工数がかかる」という理由で競合企業のソフトウェアを諦めた顧客を狙うことにした。頻繁に取られるローエンドからの打撃戦略である。

I氏は、対象顧客を当初予定から切り替える際に社内説明は特にしていない。

I氏が常に語っているが、このような状況で、ビジネスに対する理解が浅い人間に指摘権限を与えてしまうと事業成長が阻害され、事業リーダーのモチベーションは大きく削がれていく。1人の人間が持つ熱意が事業創出のための必須要素であるのにそれを削いではならないのだ。

想定外は他にもあった。価格である。本書取材時点でまさにI氏は値上げを考えているタイミングであった。当初I氏は「削減工数×一定の割合＝サービス価格（要はサービス導入によって月200万円のコスト減を達成したなら、30万円払ってもおつりがくるでしょう、という考え）」という考えで価格を決めていた。しかし実際は、競合との比較において価格が決定されることに気付いた。その競合の価格は、自社と比較しかなり高額であるため、十分な値上げ余地があった。

筆者もよく感じることであるが、**価格を決めるのはサービスや商品の価値よりも、競合比較とブランドである。**1人の消費者として自分の周囲にある商品を見てみよう。なぜマグカップは1000円なのか？　なぜ高級レストランは5万円なのか？　なぜ扇風機は5000円なのか？　価値という観点から回答できるだろうか。

I氏個人の才覚

I氏はなぜ高いモチベーションを持ち、この事業立ち上げに取り組むことができたのだろうか。本人が語るところによれば次の理由である。

□元々の性格として責任感が強く真面目であった。
□将来自分でもビジネスをやりたいと思っているので、自分の経験に対する投資として新規事業に取り組めた。

さらに言うなら、筆者から見てもＩ氏は類いまれなる頭脳と強い責任感の持ち主であり、大学の専攻でデジタル系のバックグラウンドを持つエンジニアであったことも今回の事業立ち上げ成功に大きく寄与している。筆者はＩ氏の事業立ち上げを支援する立場にあったため、月一度は話していたのだが「今月は忙しくて進捗があまりない・外部と接触していない」ということは一度もなかった。常に新規営業、サービスの改善に取り組み、毎月大きな進捗が見られた。Ｉ氏がこの事業立ち上げにパートタイムで取り組んだのではなく、１００％の集中力を持って取り組んでいたことも立ち上げ成功要因と言える。

事業を創出するには、自社にいる事業リーダーたる能力を持つＩ氏のような個人を発見し、権限を与える必要がある。

家電メーカー（Ｃ社）による高齢者向けＥＣ事業への参入（Ｇ氏）

高齢者向けの家電メーカーとしてシェアを持っていたＣ社が、ＥＣサイトに参入する際の担当者であるG氏の事例を見てみよう。結論から明かすと、この事業は長期間立ち上がっていない状態であった。なぜそのような状態になっているのかを考えてみよう。

対象領域選定

C社は高齢者の登録者が多い、100万人以上の会員を持つメディアを保有していた。これは収益目的で運営されていたものではなかったので、利用者らは完全に無料だと認識していた。

C社はこのメディアを活用したなんらかの事業を行おうと考えた。その筆頭として挙がったのがweb上で物を売るというECモールであった。**高齢者のトラフィック（webサイトの訪問者数）という1つのアセットを持っていたが、ECモール事業を作り上げるための能力は持ち合わせておらず、C社にとっては新しい力を必要とした。**

トラフィックがあるということと、ECモールで物が売れるということの乖離にC社は苦しむことになる。

物販の経験を持たない者が「ECモール事業を成功させる」ためには、新たな能力を多く必要とする。これは新領域への進出となるため、経営陣は体制構築に向けた相応の投資を覚悟するべきであった。

しかも今回、事業の中核メンバーは家電企画の経験者たちであり、ECに関する経験を有するものはいなかった。ECという競争が激しい領域において、競合らと自社がぶつかりあっても、勝つ道筋を想像できる必要があった。

ビジネスは企画・製造・販売という歯車が全て噛み合い、絶妙なバランスの上に成立する。その一部の要素を持っていることは、「参入の契機」として捉えることはできるが「強みを活用できる（参入当初から強い状態になれる）」ようにはならない。

今回の例では、トラフィックを活用できることは競争力というよりも、参入の契機としてしか機能しなかったということになる。顧客基盤やトラフィックは、意外と役に立たないという場面は多い。BtoBであっても顧客基盤があることは直ちに新商品を売れることを意味しない。自社が売り慣れていないものであればなおさら売れないのである。

ただ、「参入の契機」程度の要素のものを「競争力」と捉えてしまうことはよくある。 これは技術活用に関する議論でも多く見られる。「自社はこの技術に関わる特許を保有している。だから自社にとって新たなビジネスモデルであっても参入すれば勝てる」というロジックは成立しない。自社にとって新たなビジネスモデル、つまり新領域という未知の領域では、新たな能力を多数獲得しなくてはならないのだ。

インサイト発見

また、C社もG氏も事業に取り組み始める段階では、確固たるインサイトを持っていなかった。「トラフィックがある」というだけでは熾烈な競争が繰り広げられている物販・ECにおいて勝ち抜くには不十分であった。顧客にとって物を買える場所は数え切れないほどある。オンラインで目に入っただけでは強い購買動機を作ることはできない。

とりあえず下積みとして何か物を売ってみよう、その間に顧客や先行者との対話を繰り返し、インサイトを発見しようというアプローチは取り得る。ただしこれには強力な熱意と非常に高い機動力が求められる。

インサイトを発見できていないのに事業立ち上げを進めるということは、不確実性を大量に抱えた状態で進むことになってしまう。「高齢者向けにECで何か売れれば、ビジネスモデルや事業規模は全く問わない。戦略修正は事業リーダーがその権限において行って構わない。これは長期投資なのだ」という考えがなければ、この方法を取ることは難しかっただろう。

事業立ち上げ

まず、アンケートからわかった高齢者がやりたいことの上位に入っているガーデニング、登山、旅行関係の物販から着手した。オリジナルのアパレルも作ったが販売状況は芳しくなかった。yutoriの例を参照いただければわかる通り、大量の競合がいるアパレルで物を売ることは容易ではない。製品およびマーケティング両面が研ぎ澄まされている必要がある。

購買目的でサイトに訪れているわけではないユーザーに対して、クレジットカードを登録させて物を売るというのは、想定したよりも格段に難易度が高かった。キャリア決済の活用もアイデアとしてはあったが、実装には至らなかった。

この時点で、高齢者向けに物を売っている企業の販売方法をコピーし、コールセンターやカタログ主導で売っていくといった大胆な変革は行わなかった。あくまですでに存在するトラフィックの活用が前提であったため、コールセンターやカタログを活用した販売方法は主な検討対象とはならなかったのだ。

　通常の物販では売れないことがわかったあとは、「共感」で売る手法に切り替えた。「ある地域の飲食店が潰れてしまうから応援してください」というメッセージ付きのクラウドファンディングで販売してみたのである。

　その中で最も売れたのは地域の名物レトルト食品だった。意外だったのは、その地域に縁のある人ではなく、特に縁もない人たちが主な購買層だったことである。当初の想定では、その地域にゆかりがある人が地元を応援する意味で購入するだろうと予測していたが、そうではなかったのだ。

　ここで１つの顧客インサイトに辿り着く。

「人々は知らない地域の名物料理を手軽に食べたいが、どうやらそのような食品が集まっているモールはあまりないようだ。自社のトラフィックを使えばある程度成果が出せるのではないか」というインサイトである。

　ただ、このインサイトを中心に事業を再構築し「地域の名物料理に特化したＥＣモール事業」をしようとはならなかった。この事業はたしかに成立する可能性はあるが、Ｃ社のような大きな家電メーカーが取り組むには、ビジネスとしてはあまりに規模が小さいと考えられた。

　また、この販売経験を通じ「困っているから応援してください」という訴求からは、なかなか購買にまでは至らないことにも気付くことになった。顧客に話してみて「それは素晴らしい取り組みですね」と言われることと、実際に購入されることには非常に大きな隔たりがある。

　事業立ち上げをやりながらインサイトを発見するというアプローチは取り得るが、与えられた時間は限られている。突破口が見えないまま3年間赤字を流し続ける、という状況は許容されるだろうか。また、事業リーダーの熱意は継続するだろうか。3年間探して駄目なものが、5年間探せば見つかるという保証はあるのだろうか。このような点を考えると「やりながら考える」という方法に与えられた時間は最長2年程度ではないか。しかし、筆者の経験では長くて3～4ヶ月程度である。

G氏らのチームは家電メーカーとは思えないほど多くの施策に挑戦した。新規採用、商品開発、商品サプライヤーらとの協業など、本事業に取り組む過程で、特にECに関し新たな能力獲得を進めている状態にあると言える。この能力は今後C社がECへの取り組みを続ける限りにおいては有用な資産になり得る。C社の取り組みは現在も続いており、筆者も成功を祈っている。

体制

ECモールという新規事業の立ち上げを担当したのは、今まで家電の企画担当だった物販やECに関する経験がゼロの人たちだった。能力を補完するため、プロジェクトの途中で高齢者向けのカタログ販売を経験した人を中途採用し体制に含めた。この施策は自社の能力が本事業を立ち上げる上では欠如していることを認識した上での良い施策である。

社内向けの説明体制としては、週次の報告に加え、外部との契約を伴う施策には役員の承認を必要とした。定款との整合性も求められた。**戦略の修正を機動的に行う体制ではなかったのだ。**例えばインサイトを発見し売れたという実績を作れても、「なぜそれを自社がやるべきなのか」という説明を繰り返し問われ、半年ほどの検討期間を要する体制であった。

これらの事象はC社以外でも頻繁に見られる。インサイトを発見し、売上向上のための道筋が見えたとしても「なぜ自社がそれをやるべきなのか」という問いに阻まれ、機動的な体制構築ができないまま、結果的に競争力を持てずに終わってしまうケースは非常に多いのだ。

今回の事例からは多くの学びが得られるが、特に「機動的な体制構築が築けていないこと」は、事業にとって致命的な障害になり得るのだ。

対象領域を決めたなら、事業リーダーに対して一定範囲内で自由に推進してよいという権限を与え、機動力を持たせて競争力を強めなければならない。

G氏はこの経験を通じ、C社のような古い企業体質を持っている企業が新規事業を立ち上げる場合、既存事業と十分に近い領域で事業を行うこと、社内説明で説得力を持つためには実際に購入見込み客が目の前にいること、協業先とすでに関係性があることが必要だと考えている。

4 大企業での事業立ち上げからの学び

自社が能力を持つ領域を選ぶ

第1部で記述したように、求められる能力が自社が持つものから乖離が大きいほど、事業を立ち上げるには時間を必要とする。金融事業者のK社は日常的な能力拡大に取り組んでおり、実行戦力が揃っている状態での事業創出だったが、家電メーカーC社にとって物販・ECは、完全な新領域であった。自社の能力で実行可能なのか否かを判断するには、K社の役員に見られたように、社員個人単位まで能力を把握していることが望ましい。

また、「スタートアップ間の機動力争いに巻き込まれることが必至である領域を避けた」I氏の判断は素晴らしかった。意思決定者が少ないほど機動力を発揮できるため、機動力が勝敗を分けるくらい重要な戦いになる可能性がある場合、人数が多い企業には不利である。機動的な体制を作ることが難しいならば、機動力を求められない戦い方で勝てる領域を選択するべきである。すなわち、スタートアップが活躍している領域は積極的に検討対象外とすることだ。「2年以内に急成長を見込める」「初期投資が少ない」「ITに代表されるような、若年層が経験を持っており、好まれる領域である」という条件を満たしていくとスタートアップに有利であり、大企業には不利になる傾向がある。

それでも、自社の能力と乖離がある領域で事業創出を求められることはあるだろう。この場合、経営陣は相応の意思を持ち、長期間の投資・新規採用をしていく必要性があることを認識する必要がある。

インサイト発見を後回しにしない

インサイト発見段階を飛ばそうとすると、後工程で解決しなければならない問題が増える。場合によっては、参入はしたがインサイトが発見できないこともある。発見はしたがそのインサイトを捉えた事業を作っても事業規模が小さすぎてどうにもならない、という状況になることもよくある。参入後にインサイトを発見するという戦略を取るならば、TikTokの事例で見られたように領域を攻略することに対する強い意思が前提条件として必要となる。

対話を通じて正しいインサイトに至る

正しいインサイトを発見するには、初期的なアイデアに対して業界内部にいる経験者や、場合によってはすでに類似事業に取り組んでいる先行者からフィードバックを受け、顧客に対してアイデアを何度もプレゼンし、磨き上げていくことが必要になる。

慣れていない人にとって躊躇してしまうプロセスであることは理解するが、新たな人と出会い、時には辛辣なフィードバックを受けることは必要なことなのだ。筆者もこのプロセスを決して好んでいるわけではないが、必要であることを認識し常に取り組んでいる。

この過程では、I氏が社内のオペレーション部署と何度も対話を繰り返したように、同じ人と何度も話す必要が生じることもある。

対話相手にとっては、自分の課題解決につながるからこそ繰り返しの対話に応じてくれる。I氏の場合、オペレーション部署は自分たちの課題を解決をしてくれると考えた。このような相手と巡り合うことができれば、戦略を具体化することと事業立ち上げを同時に進めることができるだろう。

事業立ち上げの体制

すでに存在する企業内部で事業立ち上げを行うならば、体制は極めて重要である。対象領域が正しくとも、どのようなインサイトを持っていたとしても、機動的な体制を構築することができなければ事業立ち上げを成功させることは非常に難しい。筆者としては以下の状態を作ることを推奨する。

役員・部長が担うべき役割

□自社の能力を社員個人単位で把握し、競合と比較しても十分な実力がある・ないことが判断できる。
□現時点で能力が欠如している場合、その能力を補完するための投資をする意思がある。
□ビジネスに対する理解があり、事業を阻害するのではなく人脈の提供やアドバイスで支援をすることができる。

□事業立ち上げを阻害する要因（ビジネスの理解が浅い人への説明要求など）を減らし、事業リーダーを事業に集中させる。
□社内で強い権限と信頼性を持っており、予算の確保や社内協力を得る活動に加え、社内反対勢力から事業リーダーらを守る。なぜ自社がやるべきなのかという説明を行う。

事業リーダーが担うべき役割

□強固な意志を持ち、事業立ち上げに集中する。パートタイムとして行わない。
□背景知識を豊富に持ち、インサイトを発見する能力がある。
□新たな顧客、協業先とも積極的に、高い頻度で会い、新たに得た情報から機動的な戦略修正を繰り返して事業を推進する。
□役員・部長からのたしかな信頼を持っており社内説明に主な工数を取られる状態にならない。
□社内で対象事業を推進するべき意義を作り、必要以上のプレッシャーを与えられる状態にしない。

社内説明工数を下げる工夫

経営者が強い意思を持ち、支えなければ事業リーダーは様々な部門からの説明要求と短期的な成果に対するプレッシャーに潰されることになる。第3部の大企業内における新規事業創出のリーダーを担ったI氏の事例のように、役員・部長層と強い信頼関係を持ち頻繁なコミュニケーション機会を作りながらも、形式的な資料作成からは解放されることが望ましい。

会社として新規事業の状況をポートフォリオとして整理・管理したいというモチベーションは理解できるので、説明工数を最小限にしながら状況を管理するならば確認するべきタイミングは以下が望ましいのではないだろうか。

□ インサイト発見：顧客の反応

□ 集中投資段階への移行：投資とリターンの小さな実績

まずインサイト発見は顧客の反応、もしくは販売実績と共に聞かなければあまり意味がない。インサイトに客観性はないため経営者が知らない領域であれば個人の感想を述べる以外できることはない。事業リーダーが顧客にプレゼンすらしていないなら検討にも値しない。

この段階で初期の参入予算を承認する。次に集中投資段階に移行するならば「試行錯誤する中でこうしたら売れました」という小さな実績を語る必要がある。またしても、前方におけるインサイトは客観的に説明不能であるため実績を語る以外に説得性を持たせることはできないだろう。

前提としてはすでに会社として意思を持って攻略したい対象領域がある程度定まっているということである。対象領域がある程度定まっていれば個別の参入戦略が成功しなかったとしても知見、能力を蓄えることになるので特に初期の参入について慎重になりすぎることはない。

第2章 事業の継続・成長と撤退

本章では撤退と戦略の修正に関する考え方を取り上げる。

ここまで、主には実業家たちの〝成功した〟事例を紹介しながら、「こうやればうまく立ち上がりますよ」「失敗しないためにはこれが重要ですよ」と書いてきた。本書の内容が事業立ち上げに臨む人たちの強力な武器になると信じて疑わないが、当然、うまく立ち上がり成長を続けていく事業もあれば、全然儲からないまま消えていく事業も数えきれないほどある。実業家にしても新規事業の担当者にしても、苦労して生み出した事業を継続するか撤退するかの判断は難しいものであるが、避けては通れない道である。

ある程度撤退に関する考え方を示しながら、失敗の傷を浅くするための考え方や再び立ち上がるための考え方なども示していく

1 撤退・戦略の大幅修正

筆者が非常に多く受ける質問は「いつ撤退の意思決定をするべきか」というものである。筆者が考えるには**「形式的に決めるものではなく、自社の目標を達成し得ないことが明らかになった時点」**が回答である。

撤退の基準

事業には様々な目的がある。例えば大企業の新規事業事例に登場いただいたI氏の事例では、売上目標や利益目標は存在しなかった。「自社のオペレーション改善を実現する」ということがI氏のいるK社の目標であった。この施策を停止するのは「デジタル技術を活用して金融のオペレーションを改善することは困難である」とわかった時点となるだろう。「黒字化3年・累損解消5年」という形式的な線引きをする必要はない事例である。

yutoriの明確な撤退基準

yutoriはYリーグというブランドの管理制度を持っている。この中では明確な撤退線を定めている。

１年以内に月間平均売上が７００万〜１５００万円に至らないブランドは撤退となる。これはアパレルブランドを多数立ち上げていくというyutoriの全社方針があり、かつ個別のアパレルブランドが担う目標が基本的に同一であることから、このような管理をしてよいということになる。逆にアパレルブランドそれぞれが担う目標自体が異なっているならば同一基準で管理はできないということである。

この撤退基準は、それぞれのブランド責任者に対して目指すべき目標を明示するためにも有用だろう。逆に、撤退基準が明確になっていない場合、売上が不調なブランドの運営責任者自身が撤退の意思決定と合意形成を進める必要があり、社内に大きなストレスを生むことになる。

では、yutoriにとって新領域への進出となったコスメ事業でも、同様の撤退基準を適用するべきなのかという問いに関しては、必ずしも同じ撤退基準を取る必要はない。コスメブランドの場合は新領域への進出を行うための投資とも見れるため、すでに収益化段階に入っているアパレルブランドとは考え方は異なる。

初期的インサイトが誤っていた場合

第１部で取り上げた高原氏の不動産事業はどうだろうか。高原氏は参入時はマーケティングが重要であると考えていたが、市場環境の変化により仕入れが重要になっていることに参入後に気付いた。これはインサイトが誤っており、自社の能力を活用した勝ち筋がなくなったことを早期に発見したということである。インサイトを再度探索してでも、不動産事業を立ち上げるという意思および戦略的な意義を当時の高原氏は持っていなかったので撤退の判断となった。

もし不動産事業を立ち上げること自体を目標とするなら、再度インサイトの探索を行ってもよかった。しかし不動産事業以外に成長事業を抱えていたTWOSTONE&Sonsにとって無理をしてでも進める理由はなかった。

なんらかの大きな想定外があった際は、自社の目標に応じて立ち戻る線を設定することが可能である。

どこまで戻るかは自社の目標に応じて調整する

方法は問わないが、対象領域を攻略することを目標とするならば、別のインサイトを活用して全く異なる参入戦略を描いてもいいし、同時多発で複数の事業を立ち上げてもいい。新領域へ進出するにはこのような粘りが必要となる。実際にバイトダンスは3つの模倣品を同時に立ち上げ、ショート動画領域の攻略を目指した。新領域では参入初期の自社は必要な能力を持ち合わせていないばかりか、参入戦略の精度も相当低いものだ。1回取り組んで困難とわかった時点で撤退するようでは、新領域への進出自体が難しい。

特定のインサイトに基づき、自社の能力を活用することを前提とするならば、インサイトが根本的に誤っていたと判断した時点で撤退となる。

例えば、自分が信じたインサイトから生み出したコンセプトが全く受け入れられなかった場合などがそうだろう。岡田氏が提唱した「英語学習を自分でやり切る」というコンセプトが全く受け入れられなかったとしたら、コンセプト自体に大きな修正を求められることになる。岡田氏の場合は英語で事業を立ち上げるという強固な目標を持っていたため完全撤退はしないだろうが、大幅な修正を行うことにはなっただろう（現実はそうではなく、岡田氏のインサイトは正しく、コンセプトは受けた）。筆者が思うには、仮に大幅なコンセプト変更を余儀なくされたとしても、岡田氏の才覚と英語学習事業に対する強い覚悟があるなら、いずれにせよなんらかの英語学習事業を成功させただろう。

柔軟な戦略変更と強い意思を同時に持つ

これは精神論だが、**事業リーダーが強固な意思を持たず「検証」という考えで事業立ち上げに取り組むならば、ほとんどの事業は容易に撤退という結論に至るだろう。**事業創出とはそもそも困難なプロセスであるため、「困難である」という証拠を検証過程で見つけることは極めて容易い。だから、困難であってもやり抜くという強固な意思が事業を立ち上げる上での必須要素なのである。

インサイトを発見するには時間と相応のコストが必要だ。多くの実業家は、他の業務や自らの生活を通じて、時間をかけてインサイトを醸成している。良質なインサイトは希少なので、もしそれを発見でき、事業リーダーがこのインサイトは正しいと信じている限りは意思を持ち、粘る覚悟で臨むとよいだろう。

これは事業リーダーのみならず、上長・役員という立場であっても心得てほしいと強く思う。様々なフレームワークや論点を持ち出して不明確であること、リスクがあることを指摘するのは極めて容易い。ビジネスに理解が浅い人員に指摘する権限を与え、さらにその指摘の道具としてフレームワークを持たせてしまってはいけない。この場合フレームワークは事業を考える補助ツールではなく、本来明らかである必要がない論点に対して指摘をするための攻撃武器として機能することになる。社内でなされる議論は重要な戦略の話ではなく、フレームワークが「埋まっていない」という指摘に集中してしまうだろう。

インサイトの誤りが判明したら戦略を大胆に修正する

逆説的だが、インサイトが誤っているとわかったら、大胆な戦略修正をするべきだ。当然、販売するサービス・商品は大きく変わることになる。

この際に注意してほしいのは事業リーダーが自らのインサイトが正しいと確信できていないのに、戦略を修正しない状態で惰性で継続してしまうことである。このような状態は、次なるインサイトが発見できないばかりに、間違っていたとわかっても当初のインサイトに固執し続けるしかない状況や、自分が誤っていたと認めることで立場が悪くなるという状況で発生する。

「2年間実証実験をしたが事業を立ち上げることも、次へつながる有効なインサイトを得ることもできず撤退」という例は珍しくない。このような事態に陥らないためにも、事業リーダーは時に、勇気を持って戦略修正することが必要だ。また、後方から支援する経営陣は戦略修正を「当初の想定が甘かった結果の誤り」ではなく、「事業立ち上げの過程において当然発生する事象」と捉えておくべきである。想定外の事態が起きたことを失敗と呼ぶべきではない。**実業家たちも多くの想定外に対応している。それは精度の高い予測は不可能であり、かつそれが事業にとって必要でもないことを示して**

いる。

撤退でも知見や能力という資産は残せる

筆者が会社経営という立場で重視しているのは、単一のインサイトに基づく事業立ち上げに成功しなかったとしても資産を残すことである。この場合の主な資産は特定領域の知見、能力である。対象領域が同じであればこれらの資産は転用できるのだ。

ただ、対象領域が分散すると資産の転用ができず、取り組み全体が「失敗」と言われても仕方がないだろう。単一の事業立ち上げは成功する場合もあるし、成功しない場合もある。特に新領域への進出には高いリスクがある。複数のインサイトに基づいて同時多発的に対象領域の攻略を目指し参入を試みることで、参入が成功する確率を大幅に高めることができる。参入後にインサイトが誤っていたことがわかるのはよくあることなのだ。

明確に攻略したい領域がある場合、初期段階においては複数の商材アイデアをプレゼンし、徐々に有望性が高いものに集中していくというプロセスを推奨する。

重要な論点に絞り事業立ち上げに挑む

事業を成立させるための必須論点（すなわちインサイト）は何かを絞り込み、そこだけがクリアになれば後はなんとかする、という考えが必要だ。

筆者は事業に対するアドバイスをする場合でも、必須論点だけに指摘を絞るようにしている。「ここだけ突破できればあとはなんとかなりますよ」という考えだ。**事業リーダーの頭を必須論点に集中させ、不要な活動から解放し、**過去の知識からヒントを与えるように心がけている。

特に事業立ち上げ段階で重要となる論点は基本的に「売れるのか」「作れるのか」が中心である。

例えば岡田氏のようなビジネスであれば「売れるのか」がクリアされてから、組織として安定品質を保ったオペレーションを行うという観点で「作れるのか」を徐々にクリアしていくことになる。

数としては多くないが、作れさえすれば売れることがわかっている場合は「作れるのか」が重要な論点となる。

例えば「東京から大阪まで30分、しかも5000円で安全に移動できる」ものがあればたしかに売れるだろう。このような場合は「作れるのか」を論点にしてもいい。特にメーカーに起こりがちなのが、「売れるのか」に向き合わないままひたすら「作れるのか」に向き合うことである。時間をかけて開発し、発売して初めて売れないことがわかるのだ。発売するまで放置するにはあまりに大きいリスクであるし、そのリスクを回避するためにできることは多い。可能な限り、どうリスクを低減できるかに取り組むべきである。

「売れない」というリスクを早期に潰す

では「売れない」を回避する方法にはどのようなものがあるだろうか。「どのくらい売れるのか」(将来的な売上規模算出)について正確な予測は極めて困難である。気休め程度の計算はできるが、筆者の経験ではかなり大雑把な計算しかできない。アンケートデータや各種データを組み合わせて計算をしていくことは、算数好きの人間にとっては楽しいものであるが、１日以上かけるというのはやりすぎであろう（筆者もこの計算自体は好きである）。まず、少数でいいので強い支払い意思を持った顧客向けに「売れる」状態を目指すべきである。

筆者は臆病なので、「長期間取り組んだものの事業として成立させることができず最終的に撤退」という経験をしなくて済むように事業に取り組んでいる。リスクを減らす方法として参考にしてもらえればと思う。

顧客に支払いの意思はあるか

まず最初に、最大のリスクである「売れるのか」という点を明らかにするようにしている。よく取られる方法であるが、開発に投資する前に営業資料やデモを顧客に見せて、支払い意思を確認している。「これを作ろうと思うのですが、使いませんか。初期版なので安価に提供しますよ」と話し、反応を見る。

この時点で「実際にでき上がったものを見ないと判断できない」という反応であれば、開発投資はしない。「それはいいね、３００万円くらいはとりあえず払うよ」という意思が確認できれば、顧客の意見を十分に取り入れながら開発を進めていく。ソフトウェアの場合であれば、その会社用に作り込んだものがあってもいいだろう。とにかく、顧客を見つけてから開発投資を行うことでリスクを減らすことができる。

数ヶ月苦労して開発を行ったのに売れない、というのは非常に苦しい経験である。このような失敗を繰り返しているようでは、事業リーダーが「大変だけど、これを作ろう！　売れるはずだ」と言ったとしても「前も駄目だった、今回も駄目だろう」という空気が蔓延するのは、組織において当然のことである。筆者自身、以前このような大変苦い経験をしたことがあり、二度とやりたくないと強く思っている（当時は開発担当であった）。

「売れる」ということが検証されれば、利益率、効率的なチャネル、仕入れなどは「なんとかなる」。逆に売れなければどのような最適化を行ったとしても無駄な苦労となる。売れないものを最適化するというのは一体何に最適化をしているのだろうか。

感覚的な話にはなるが、プレゼンをしたときの食いつき度合いで打球感を徐々に判断できるようになる。「面白いアイデアですね、ぜひ使ってみたいです。頑張ってください」という社交辞令と、実際に金を払ってでも使いたいという熱量の違いを感じ取れるようになれるべきだ。

人は、アイデアを楽しそうに話している人に対してネガティブなフィードバックをしない（稀にする人もいるが）。多くの場合は社交辞令を受けることになり、その社交辞令を「ニーズが確認できました」と解釈してしまう例は珍しくない。

アイデアはポジティブな気持ちで練り上げていくべきだが、「信じているのは自分だけかもしれない」という恐れを併せ持つべきだ。難しいことだが、岡田氏も語っていたように、**根拠に乏しい状態でも前に進めるポジティブさ・自信と、顧客からのフィードバックを素直に受け取り、自社の方針に柔軟に反映させる姿勢を同時に持つべきだ。**

事業立ち上げ前にある材料は、わずかな証拠と自分の信念くらいしかない。楽観的に前に進み、アイデアを作り上げ、アイデアをぶつけた際のフィードバックをありのまま受け取ろう。アイデア自体に熱中するあまり、顧客からのネガティブなフィードバックを無視してはならない（この例は非常に多い、愛するアイデアを捨てることが怖くなってしまっているということだ）。

顧客や知見を持つ者以外の声に耳を傾ける必要はない

一方で顧客以外からのネガティブなフィードバックは無視しても構わない。顧客でもなく、当該領域において経験がない素人からのフィードバックは、精度が悪く聞く価値はあまりない。ネガティブでもポジティブでも雑音のようなものである。「事業を立ち上げようと考えた際に、多くの人から批判されたが成功した」という例は珍しくないが気にする必要はない。顧客や専門的な知見を持つ人だけの意見に注力するべきだ。

対象領域について知見を持つ人であっても「それは成功しないよ、なぜなら過去やってきた習慣と違うからだ」という意見に対しては、慎重に解釈する必要がある。

「たしかに過去の習慣からは少々違うと思うが、私には強固な突破意思があるのだ」と考え、意図的に無視することもできるし「習慣を変えさせるには説得が必要になる。その説得はたしかに困難だろう」と受け取ることもできる。この意見に対しては顧客からのフィードバックも踏まえながら慎重な姿勢で挑む必要がある。習慣を「少しでも」変えさせるということには、多大なエネルギーが必要とされる。特に不動産などの領域において、習慣を変えるというコストを甘く見積り、他業界から新規参入した企業が失敗していった。「業界を変える」という意気込みは勇ましく見えるが、習慣を変えるために必要なコストは認識するべきである。

「提唱する概念があまりに素晴らしいために大量の顧客が自然流入し、巨大な販促費を使わずとも業界が塗り替えられていく」という例を見つけることは非常に難しい。Uberを始めとしたライドシェア企業たちが、ライドシェアという概念を確立させるために投じた合計の販促投資はあまりに巨大である。

2 集中投資段階へ

事業立ち上げが進んでいくと、事業が急激に伸び始めるタイミングに出会うことができる。ここまで至るには大変な苦労があっただろう。ここから先はこの奇跡のような火種に対して、自社が許せる限りの燃料（人、資本）を注ぎ、可能性を最大限引き出していく段階に入る。

これより先は組織作りや大規模な資本の活用が重要な論点になる。事業リーダーの役割も事業立ち上げ段階から大きく変化し、顧客との対話を行う前方ではなく、組織・資本を司る後方への移行が必要となる。日々を過ごす考え方も変化させなければならない。

事業立ち上げから、人・資本を投入していく集中投資段階に移行するタイミングは、事業リーダーが許容できるリスクと成長の必要性を考慮して決める必要がある。

リスク許容度が高いのであれば（もしくは熾烈な競争環境であるため、リスクを取らざるを得ないのであれば）早期に投資を行うべきである。NVIDIAが顧客ニーズを1年先回りして大きなリスクを取る経営を行ったのは、この領域での競争環境があまりに熾烈だからであろう。そうせざるを得なかったのである。

バイトダンスも同様で、早い段階から大きな投資を続けた。一方で、大規模投資を行ったバイトダンスの競合たちは、ビジネスとして成立する構造を作り出す前に損失を拡大させ、またTikTokを打破することに失敗した。

リスク許容度が低いのであれば、もしくは競争環境が熾烈ではなく小規模で安定している状態が許されるならば、集中投資のタイミングは遅くなっても構わない。自己資本経営で、売上目標を持たずとも安定して利益を創出している会社は数え切れないほどある。成長志向がないならば、これも有力なオプションである。２０２４年現在「起業」というと外部から資金を調達し、大きな赤字を許容しながらもトップスピードで成長を目指すというイメージを持っている読者の方もいるかもしれないが、自己資本経営・小規模安定というほうが数としては多いのだ。目立たずメディア受けも良くはないため、見えないだけである。

筆者の過去経験では、集中投資段階に入ったのは投資家からの要請により、成長の必要性に駆られたという面が大きかった。投資家からのプレッシャーが強い上、当時の筆者のリスク許容度が高かったこともあり、比較的早期に投資段階へ移行せざるを得なかった。

筆者は組織作りに対しては専門的な知見を十分に持たないため、ここでは簡単な事例の紹介に留める。

実業家らの組織作り

岡田氏

プロググリットのようなサービスは、小規模で売れる状態に至ることの重要性は言うまでもないが、組織を大規模化させても品質を落とさず拡大できるかが極めて重要となる。当初は岡田氏が全ての営業を担い、共同創業者と共にマーケティングを推進するという少人数の体制で知見を獲得した。その後に組織を大きく拡大させていった。

また他の英会話教室とは異なり、全員を正社員として採用する方針をとった。そして強固な文化と結束を作るための社内向け投資を積極的に行った。

片石氏

yutoriの競争力を支える1つの要素は採用である。コミュニティの中心にいる有能なクリエイターがyutoriに入社したいという状態を作り続けることを重視している。そのための見せ方に片石氏は工夫を繰り返し、客観的に採用候補者らから自社がどのように見えるのかを磨き続けている。

実業家の素質

さて、ここまで多くの実業家らの例を見てきた。人によっては「自分でもできそうだ」と捉えてもらえるかもしれないが、「これらの人たちに見られる慧眼や情熱は自分にはない・自社にこのような人材はいない」と思う人も多いのではないだろうか。この実業家たちに求められる要件を考え、自然発生ではなく「人造」できるかを考えてみよう。

熱意が実業家の要件

いくつかの要素を洗い出そうと考えたが、筆者が思うには**「長期的に本気で取り組み続ける」という熱意のみが必要要件であり、他はあればいいが、なくてもいいという要素である。**

それでは熱意とは何だろうか。簡単に記述すれば以下のようになる。

- □目標と現状の差を毎日考え、課題を生み出す。
- □生み出した課題の解決に向けて必要な施策を考案し、慣れていないことでも実行し続ける。
- □施策は頻繁に失敗するが、施策を通じて得られた情報を活用し別の方法で施策を続ける。

この要件を満たす人間がおり、その人間を少なくとも3ヶ月は特定の目標に集中させることが新規事業最大の障壁ではないだろうか。他の要素は外部から調達できる。

逆に言えば、熱意がある人物抜きに新規事業を成功させることは極めて困難だろう。

この期間は特定の目標に意識を集中させるため、他の目標は犠牲になるが、本気であるというのは犠牲の受容も意味する。もし事業を本気で立ち上げたいと思ったならば、他の目標を取り払い、週末も含めて3ヶ月努力することを意識するといかがだろうか。20%を割り当てるのか、100%もしくは現在の限界を超えるという意味では30%を割り当てるのかで、成果は全く異なるものになる。**人間の出力は頭の占有率に累乗比例的である。**

事業リーダーでありたいなら、常に自分に対して以下を問えばいい。

□ 達成したい目標は何か?
□ そのためには何が重要な課題なのか?
□ その解決のために何をしているか・より何ができるか?

これに回答できないのであれば、本気で取り組んでいない。これを書くと苦難のプロセスに見え、実際に苦労することは事実だが、そのプロセスは間違いなく楽しいものだ。このプロセスを楽しめるということも実業家の要件と言えるかもしれない。

また特に**「その解決のために何をしているか」の部分は、他の人の力を借りることを大いに推奨す**

る。むしろ他の人の力を借りることは事業リーダーが持つべき重要な能力の一部である。

外部から調達することができる要素

実業家らの事例を振り返ると以下が必要であるが、これは外部から調達することができる。

- □領域を定めるための豊富な知識と情報。
- □顧客インサイトを発見するための対話機会獲得。
- □先行者インサイトを発見するための先行者に関する情報。
- □インサイトを磨き上げるための専門家らとの対話機会。
- □事業立ち上げ段階で求められる機動的な事業の進め方に関する知識。

これらは筆者が代表を務める株式会社ストラテジーキャンパスにおいても提供可能である。事業創出に挑戦したいと考え、熱意はあるが方法がわからない、上のような要素を持たない場合はぜひ問い合わせいただきたい。事業創出を大きく加速できることを信じている。

実業家らの能力を社内に持つことができるか

実業家らはここまでに挙げた要素を個人で持っていたということであるが、これは極めて希少である。「岡田氏が弊社にいればな」という議論はほぼ成立しない。

また、実業家らも完全無欠な人間ではない。むしろ見方によれば欠落している能力が目立つことも多い。基本的に、あまりに前向きであり、ともすると夢見がちである。社内向けのオペレーションをミスなく遂行する、財務管理をする、組織制度を設計するなど全ての面を1人の人間が持ち合わせていることはほとんどない。だからこそ、経営陣を形成しチームとしてそれぞれの能力を持つことを選択するのだ。

筆者としては、実業家らの才覚はある程度育成と体制を作ることで再現できる、という立場に立つ。それができないなら、才覚を持つ人物を探し出す必要があるが、その才覚を持つ人物が独立せず、自社に居続ける理由は一体なんだろうか。このような人材を常に社内に豊富に持つことは難しいだろう。そうであるならばチャレンジングであっても実業家の育成・体制としての再現に挑むべきではないか。

株式がなければ情熱はないのか

「ストックオプションや生株を持たせられない大企業が、スタートアップの経営陣とぶつかった場合、情熱面で常に圧倒的に劣位である」という主張はよく見られるが、筆者としてはこの立場は取らない。たしかに株式が持つ経済的インセンティブは情熱を持つための要素として強いだろうが、「自分より大きな何かを発見し身を捧げる」という状況に置かれた人が、大きな熱量を持って事業に取り組む場面を頻繁に観測している。

また、経済的インセンティブは給与で一定程度は補うことができる。むしろ筆者の経験上、将来どうなるかわからない株式やストックオプションよりも、短期的に確実な変化が見られる給与を用いたインセンティブ設計のほうが扱いやすかった（実際ほとんどのストックオプションは無価値になる）。

「本日このくらい努力すれば、持ち株の数から考えてこのくらい資産が増える」「上場した際にはこの程度の株価を見込むことができるから、自分の資産は……」というようなことを、実業家たちが毎日考え、情熱の熱源としているだろうか。**筆者は結果的に得られる資産のみを情熱の源としている実業家は稀であると考える。筆者は心理学の専門家ではないので感想の域を出ないが、実業家たちは「自分より大きい何かを達成するために身を捧げる」というプロセス自体を楽しんでいるように思える。**

本書が提唱する事業創出プログラム

本章ではあえて、企業が事業創出プログラムを行うとしたらどう実施するべきかを整理する。「あえて」というのは、事業創出は本来ならプログラムとして行うよりも、日常に浸透していることが望ましいからである。しかし、今までそういった習慣がなかった企業が新たに習慣化をさせる契機としての価値はあるのではないだろうか。以下のプログラムを実施し、社内に日常として組み込んでいくということが筆者が取り組む業務の1つである。

事業創出プログラムのステップ

自社能力の把握

本書においては事業創出に有効な能力を、「マーケティング」「営業」「企画」「製造・サービス提供」「マネジメント」としている。これらの中で自社は何をする能力を持っているのかに注目し、正確に把握しよう。正確に、というのは、大雑把にではなく、社員個人単位に落とし込んで能力を把握するべきということだ。また、能力は特定のサービス・商材に結びついており、簡単には別サービス・商材に転用できないことにも注意しよう。これは、プログリットが個人向けのサービス販売の事業は伸ばせても、法人向けサービスを伸ばすには法人営業の経験者を採用することが必要になったことからもわかる。

参入においては「営業・マーケティング」という「売る」能力、ないし「企画・製造・サービス提供」という「作る」能力のどちらかを基軸に考えると戦略を描きやすい。

対象領域選定（初期インサイト）

自社が進出するべき領域を実務を通じたインサイト、構造変化、社員らの情熱などから発見しよう。

特に即効性があり、成果につながりやすいのは、実務を通じたインサイトから領域を発見する方法である。顧客との接点が多い現場社員は、多くの初期的なインサイトを持っている。これを優先して把握するべきだ。新領域への進出を常に模索したいならインサイト発見は日常業務に組み込まれているべきだ。

領域選定とインサイト発見は混ざり合いながら進めたほうがいい。必要以上にプロセスを細分化する必要はない。領域をある程度定めたら自社の能力を活用し、どのようなアプローチを取り得るかを考えてみよう。初期的なインサイトすら持っていない領域で探索をしても、インサイトが発見できる可能性は低い。

対象領域調査

その領域に自社が進出する価値があることを調査を通じて把握しよう。調査は簡単に、早く行うことが重要である。ここに時間をかけ過ぎるべきではない。また、調査前に初期的なインサイトを発見できていることが前提である。

インサイト発見（正確なインサイト）

対象領域に参入するには、正確なインサイトが必要となる。顧客や先行者らと度重なる対話を通じインサイトを発見しよう。早期に専門家の意見を取り入れながら、顧客にプレゼン可能なアイデアを作り上げ、プレゼンとフィードバックを繰り返すことにより正確なインサイトを捉えよう。結果的に初期的なインサイトと全く違う形になっても構わないが、自社の能力の範囲内に収まるように注意しよう。

実行可能な戦略とするには「少々新しい能力を獲得する」という程度でないと実現しないことが多い。新たに必要となる能力があまりにも多い場合は、相応の投資を覚悟する必要がある。この場合にはM&Aを含めて検討したい。

最小限のゲート

ステージを細分化し、事業リーダーに説明を求めることは事業創出の障害となる。たとえ事業リーダーの素質がある人間でも、モチベーションを大きく削がれる。場合によっては退職に追いやってしまう。

一方で全く不明なものに投資はできない。最小限のゲートとして本書は「顧客の購入意思確認」「販売実績」という二段階を提案する。クラウドワークスが行ったように顧客の購入意思確認をまず行い、社内に示す。これで小規模な予算投下を許可する。次に販売実績を提示する。これで集中投資段階への移行を進める。これらがない状態で理論だけをプレゼンさせ、欠点を指摘しても、モチベーションを下げ、調査工数を増大させて終わる。

機動的な体制構築

熱意のある事業リーダーが集中できる状態、例えば少人数のチームに権限を持たせることで社内説明を必要としない状態にすることで、機動的な体制を作ることができる。これがない状態で事業を立ち上げることは極めて難しい。事業を立ち上げるには、この体制があることが前提となる。

この体制は短期に構築することはできない。組織図を変更したからといって即時機能するものではない。この体制が自社にはない、と思ったなら、新規事業に対して取り組むことを習慣化し、組織が機動的に動ける状態にしていこう。

事業立ち上げ

事業創出においては想定外の事態は必ず発生する。機動的な戦略修正を繰り返しながら事業を立ち上げていくようにしよう。

そのためにも事業リーダーは前方にいる必要があり、顧客への営業・マーケティングを牽引するべきだ。初期は苦労するが可能な限り早期に、何に投資をすれば事業が伸びるのかを小さな実績から発見し、集中投資段階へ移行しよう。

リスクの管理

経済的なリスクが発生するのは集中投資段階以降となる。その時点では販売実績を見ることができるので、リスクの管理自体は行いやすい。それ以前であれば複数の小規模な予算投下となるため、発生するリスクとしては経済的な損失ではなく、インサイトが発見できないというリスクが主になる。インサイトは偶発的に発見されるため、とにかく発見確率を上げるように動く必要がある。これを実現するには、事業創出の考えを共有した上で、顧客・先行者との対話数を増加させることが有効だ。

集中投資段階へ

集中投資できる対象の発見は、偶然の上に生まれた奇跡のような出来事だ。需要があり、取り組みに対して社内での合意形成がなされ、熱意のある事業リーダーもいるという状況は、そう簡単に巡り会えるものではない。事業のポテンシャルを引き出し切るために集中投資を行い、成長を加速させよう。集中投資の判断を先延ばしにしすぎると、次第に競争力は失われ、事業立ち上げを牽引した社員たちのモチベーションは著しく低下してしまう。さらには社内に向けても「この会社は実績がある事業にも、いつまでたっても投資しない」という悪いシグナルを発信することになり、次の事業創出を妨げてしまう。社内へのメッセージ性も含めて集中投資は行うべきだ。

新規事業担当者になったらどうする？

新規事業担当者になった場合の留意点を改めて記載しておこう。

ここまでは戦略論を書いてきたが、ここにおいては精神論が多くなる。戦略は自らの目標を達成する方法を教えてくれるものだが、戦略が策定できたからといって努力をしなくてよいということではない。最後は気合だ!!

自社の能力範囲内で動く

上長から飛び地における強い投資意思を確認できない限りは、自社が保有する能力が活きる領域で事業創出に取り組むべきだ。そうでなければ社内の能力は活用はできない上に、社内からの強いプレッシャーに晒されることになる。

初期的なインサイトがある領域を調査する

初期的なインサイトすら捉えられていない領域を調査しても無駄に終わる確率が高い。社内の協力者ら（特に顧客との対話を重ねており、かつ社内で信頼を持つ人物）との対話機会を早期に持ち、参入機会に関する議論をしよう。初期的なインサイトはあとで変化していく可能性が高いが、１つでもあることが重要である。

正確なインサイトを得るためには顧客と先行者らとの対話を最重視する

デスクトップリサーチ（構造変化の発見、先行者らの調査）は短時間で済ませることが重要である。その後は初期的なインサイトに磨きをかけ、複数案を顧客・先行者（将来的な協業相手になる可能性もある）にアポイントメントを取って繰り返しプレゼンし、改善していこう。

社内説得は実績を持って行う

インサイトの段階では説得性に乏しい。ここまでたびたび説明した通り、インサイトとは断片的な現象に対して、それを見る人の経験や思い込みをつなぎ合わせて発見される「当人の解釈に基づいた偏見」であるからだ。

「こういうインサイトが発見できたので、この事業はいけます！」と、インサイトありきの説得を試みるよりも、早々に顧客にアイデアをぶつけ、そこで得られた実際の反応や小さな販売実績を持って説得したほうが有効だ。

機動的な体制確保に努める

機動的な体制がなければどのような戦略を描こうと事業の成功は困難になる。事業立ち上げと同時並行で、機動力を高めた体制を作るべきだ。社内業務を最小化し、事業リーダーは前方業務に集中しよう。

とにかく売る！

筆者の観測上、多くの会社が成長していない要因は「営業・マーケティングの努力が足りない」ということである。売る努力が足りていないのに、売れていない理由を「商品が悪い」ということにしてしまう。10アポもしていないのに戦略を疑い始める。まずはアポをとって売りに行こう！　実績もなく、競争力も弱い状態にあるのだから10アポ中1件でも成約すれば素晴らしい兆しだ。基本的にはネガティブな意見が多くなるだろうが、事業立ち上げとはそういうものなのだ（だから何度もやりたいという人は少ない）。フィードバックを得て戦略を修正できることを楽しもう。そしてとにかく売ろう！

このアポ対象は誰でもよいわけではない。新たな取り組みに興味があり、可能であれば業界内に波及効果を見込める対象であることが望ましい。このキーパーソンに導入されると事業は早いスピードで立ち上がっていく。

1人でやる!

チームやパートナーという言葉の響きはよいが、これも努力しない理由にされがちである。チームがうまく動かない、パートナーが想定通りに動いてくれない、これは事業立ち上げにおいては普通である。本文中に再三記述した通り、インサイトに客観性はない。それどころか、そのインサイトを信じているのは事業リーダー1人だけというケースのほうが普通である。他人を説得できるのは実績である。販売実績が出てくれば自然と仲間は増える。事業立ち上げは1人で信念を持ってやり抜くという覚悟で進めるべきだ。

手応えを感じたなら集中する

いつ自分が特定の事業立ち上げに集中するか決めるのかについては、これといって明確な要因はなく、感覚的なものになる。自分の自信の度合いとともに集中の度合いを高め、100%にしていくことでパフォーマンスを大きく向上させることができる。

得られる経験を大きなリターンと捉える

事業創出とは自転車に乗るようなもので、一度できると再現性高く繰り返せるようになる。最初が最も苦労することになるが、その経験は個人のキャリアを考えても大きな財産になる。希少な経験をしていると捉え、事業創出を楽しんでいこう。

筆者の経歴紹介

最後に筆者がどのような事業経験を持ち、本文中で記載された主張をどのような経緯で持つことになったのかを記載したい。

一部時系列が入り交じるため、見出しは立場を記載している。また直近の経験に関しては、関係者が多く掲載許可の関係でどうしても記述が簡素になり、昔話が多くなることをお許しいただきたい。

学生

工学部に在籍。進学当時はビジネスに関わろうと思ったことは全くなかった。スタートアップとの関わりは、実用的なプログラミングを学びたいと考えてインターンを始めたことにある。

授業でC言語を使い計算速度の高速化手法やポインタの構造などを習っていたが、サービスを作るには授業で習う以外にも多くの能力が必要だと思えた。学科の同期たちはサーバーを自分の部屋に設置し年間放送されるアニメを全録画しストリーミングをしていたり、インターンでありながらエースプログラマーとして1000万円近い金額を稼いでいたりして、憧れたものだ。その後、彼らは上場会社のCTOとなり、ビジネスとしても大きな成功を実現することとなった。「ロボットやソフトウェアを作れたらなんとなく格好いい」というモチベーションで東京大学EEIC(電子情報工学科・電気電子工学科）に在籍できたことは実に幸運であった。

２０１１年頃はインターンというものはアルバイトとして主流ではなく、インターンの募集が一覧化されたポータルサイトもなかったため知人に紹介を依頼したところ、ＧＭＯベンチャーパートナーズ（ＧＭＯ ＶＰ）という会社を紹介された。その結果、２０２３年「日本で最も影響力のあるベンチャー投資家ランキング」１位に輝いた村松竜氏、その後ＧＭＯＶＰのパートナーになる宮坂友大氏と共に仕事をする機会を得た。これは全くの偶然であり、筆者にとって非常に幸運なことであった。村松氏と面談し「明日から新しい会社を作るからそこで働きなよ」と言われ、そこでプログラマー兼翻訳者としてインターンをすることになった。結果的には宮坂氏と筆者とデザイナーしかいない状態でスタートしたため、当初の目的であったプログラミングを教えてもらうことはできなかったのだが、人がいないため営業現場に赴いたり、ビジネスというものに触れる機会となった。

２０１１～２０１２年頃はFacebookが日本に上陸し、利用者の拡大に伴い広告事業が拡大していた。Facebookを活用したプロモーションを主要な事業としていたのが、ＧＭＯグループ内で立ち上げられた当時インターン先となった会社である。事業環境は数ヶ月で乱高下し、競合の動きも目まぐるしく変わっていった。参入障壁が低いサービスはすぐさま競合が過剰参入し、Facebookプロモーションサービスの価格は驚くほど下落した。筆者にとっては競争戦略というものの重要性に気付く契機となった。当時の会社が売上を増やせたのはFacebook広告という競合が少ないが需要が急増する事業領域の選定に成功したからであり、かつＧＭＯグループの能力を活用することができたからであった。当時は「Facebookがmixiに勝てない10の理由」のような題のブログも存在しており、素人の批判に意味はないことも実感することになった。営業現場では利用者数が増加し続けていることは明らかにわかった（試しに過去のブログ記事を検索してみるとFacebookの普及見込みを取ったアンケートで「Facebookは普及する」という回答は21・7%であった）。

当時の筆者は戦略というものも全く知らず、インサイトもなかった。インサイトを得るには絶好の場所にいたはずなのに、何もわからずとりあえず利用規約やFacebookのapiドキュメントを読み込み、目の前のプログラミングに取り組んでいた。

そうしていたところ、知人からコールセンターのＣＲＭを開発してほしいという依頼を受けることになった。需要に導かれ、自らの事業を開始することになった。これは筆者が当時持っていた能力に一定の希少性があったからであろう。加藤エルテス氏の成功と比較するべきではないが、構造自体は同様である。希少な能力を偶然持つことになり、需要側が増加したため営業をすることなく案件が舞い込んだ。

当時はphpを主に使い、ＣＲＭ（顧客管理システム）などの開発に取り組んでいたが、その中で中古自動車販売会社のＣＲＭという筆者が扱える規模を遥かに超えた開発に関わることになった。規模が大きすぎて自分では手に負えないため、筆者の役割は主に仕様策定とディレクションに絞り、開発自体は外部へ委託とした。意図したわけではないが、今思えばこれがコンサルティングビジネスに関わることになる契機であった。筆者は特に意思を持たず需要に導かれ続けたので、自然と必要な能力を獲得する機会を得ることができた。

インサイトと呼ぶほどではないが（だからこそ事業としては拡大できなかった）、微小な競争優位としては安いということである。本書で定義した顧客インサイトに当てはめれば以下のようになる。

□顧客はCRMを深刻に欲しい。
□しかし競合は高額であり、カスタマイズされたCRMを安価に作る会社は需要に対して限られており営業も積極的にしていなかった。オープンソースのCRM（当時のSugar CRMなど）で作れるものは顧客のニーズと乖離していた。
□筆者であれば費用はアルバイトの時給程度であり、Cake PHPなどのオープンソースフレームワークを活用していたため格段に安い。

CRMを安く提供し、営業も積極的に行っている会社が多ければ、筆者が案件を獲得することもなかっただろう。

Facebook apiを活用した開発（php、ajax）→php・フレームワークを用いたCRM開発→受託開発の営業→CRM開発のコンサルティング・ディレクションといった具合で能力を拡大していった。日常的な能力拡大の結果である。

徐々にテクノロジーからビジネスに興味を持つこととなった。本格的にビジネスを学んでみたいと思っていたところ、現在リクルートホールディングスの常務執行役員である北村吉弘氏の計らいで同社でアルバイトとして仕事させていただく機会を得た。これも実に幸運なことであった。

学生時代に作った会社には、ビジネスを拡大するための必須要素である情熱は全くなかった。アルバイトよりは良い生活費確保の手段くらいに考えていたため、将来的な拡張性を考えることは全くできなかった。「戦略的意思のなさ」は需要に柔軟に導かれるという意味ではよいのだが、その過程で戦略と情熱を持たなければ筆者のように漂流する生活を続けることとなる。

CRM事業、研修事業、人材事業など雑に手を広げ、当時の年間売上は2000万円程度であったと思う。学生の生活費としては十分であるが、会社として成立する規模でもなく戦略もなかった。そのため、卒業後はとりあえず就職しようと考えた。

東京大学EEICの主な就職先はメーカーの開発職や研究職である。学科でもOBが多く在籍する企業への見学が実施され、実際に開発・研究を行っている先輩と話す機会を得られた。ただ筆者はこの職業で一流になれる気がしなかった。研究室の先輩や同期らがあまりにも有能だったからである。筆者は営業のほうが開発よりも多少は得意だと認識していたので、非開発・研究職に就こうと考えた。今思えばこれはよい競争戦略であった。

テレビドラマ「ハゲタカ」の影響で「M&A・事業再生というものが格好いいな」という幼稚な動機で、それに携われそうな会社かつ、イメージが格好いい会社ということで、就職先として人気のあった投資銀行やコンサルティングファームに興味を持ち、マッキンゼー・アンド・カンパニーに入社した。

新社会人・マッキンゼー

大変幸運なことに、最初のプロジェクトからクロスボーダーのM&Aというプロジェクトに入ることができた。筆者にとっては短いマッキンゼー時代の6割ほどをこのプロジェクトと過ごすことになった。当時筆者の主要関心事はM&Aであり、新規事業に関わるプロジェクトは経験したことはない。

マッキンゼーは当時実に自由な会社で、意思と妥当性さえあればおおよそなんでも叶えてくれる会社であった。「この知見を得るためには私がクライアントと一緒にアメリカに行ってきたほうがいい」と言えば、筆者1名とクライアント3名でアメリカに渡ったり、「業界がマニアックでリサーチでは何もわからないから業界の人と飲みに行きたい」と言えば、インドネシアのカクテルパーティーへの参加を通じてネットワークを作るということも許可された。

意識していたわけではないが、インサイトを得たいならば業界内部の人に自分のアイデアをプレゼンするという経験はここで得られたと考えている。当時の上司や同僚にはこのような自由な活動を行わせていただき、大変感謝している。

マッキンゼー退社後

学生時代にM&A・事業再生に興味を持っていたため、「事業承継先がない会社を買収し事業再生を行い、複数の会社を統合させ売却ないし上場させればリターンが出るのではないか」というアイデアを何度かプレゼンする機会があった。ここで、アイデアが戦略と呼べるものになっていない償いを、実行段階ですることになってしまった。戦略はある程度事前に作ったほうが実行段階の苦労を格段に減らすことができる。

このアイデアを話していたこともあり、コンサルタントをしていた当時「70歳で会社を引退する社長がいるから継がないか」という提案を受けることができた。これも実に幸運なことである。

やはり自分のアイデアや意思を積極的に外部にプレゼンすることで機会を引き寄せることができ

る。

筆者の姿勢としては、アイデア段階で秘匿するようなことはあまりない。積極的に意思表示をすることで、アイデアの具体化と機会を引き寄せることができると考えている。

事業再生

買収案件は完全に勢いで進行し、資本金1000万円（筆者のなけなしの貯金に加え、ほか2名が保有）、借り入れ1億円という構成でSPC（Special Purpose Company：特定の目的のために設立された法人）を組成し、人材会社の事業を買収して筆者は代表に就任した。対象会社は赤字であったため、1億円の借り入れが実現したのは株主である個人の信用に依存している。

当時の会社で筆者の年齢は下から2番目であり、ほとんどの社員は年上であった。この時代は本当に苦労した。小さな規模の事業再生では相当な時間を組織マネジメントに使い、非常にウェットな業務をすることになる。組織を変革する覚悟を持っておくとよいだろう。

実施した施策としてコスト削減は切れるものは最初から切っていった。粗利だけが指標になっており、実際の工数を勘案すると赤字といえるイベントなども削減し、利益率が高いものに注力した。会社というのは長年経営されていれば膿が溜まるものである。妥当性がない出費は一定数発見できる。ただしコスト削減で実現できる価値向上は限定的なため、主要施策は売上の向上となる。

既存事業の営業・マーケティング能力の向上、品質の向上に取り組んだが効果は微量であった。今思えば、筆者は営業、マーケティング、イベント・広告のどれもほとんど経験がなく、商品サービスの企画能力も持たなかったため、市場の限界というより自分の限界を示していたと考えるのが正しい。古い会社の古そうに見えるサービスを少々モダンな構造にしたからといって、飛躍的に売上がアップするというのは自惚れである場合も多い。

既存事業だけでは成長には限界がある。また当時の投資家から「目新しい事業で成長させ、企業価値を上げよ」という指令があったため、新規事業を模索することとなった。本格的な新規事業との出会いはこの時点であった。これが本文中に記載した、コールセンター向けの事業となっていき、売上・利益ともに飛躍的な成長を遂げた。

筆者の記憶によれば、初年度は1500万円の赤字であり、2期目から黒字転換に成功した。初年度に赤字で着地した際には、投資家からなんと言われることだろうかと肝を冷やしたことを覚えている。

事業再生の生活に疲弊していた筆者の元に、会社の買収と同時にその会社の役員にならないかという話が舞い込んだ。一定程度の成果を出せたと思ったことと、キャリア上も得られる経験が大きな魅力に映ったため、その話を受ける選択をした。

上場会社経営

役員を務めた企業の社員数は当時約500名だった。自分には経験したことのない規模の組織であった。この会社は当時上場へ向かう方針で、紆余曲折を経ながらも2021年に東証グロース市場への上場が実現した。様々な事業の戦略に携わることができ、また監査法人・証券会社との折衝、株主向けの説明など、小規模な会社では経験しづらい業務にも携わることができた（筆者の姓は家庭の事情で変わっているため、上場時の記録などには中村姓以外が登場する）。

投資家

スタートアップ向けの個人投資を数件行った。その中で学生時代の友人が起業するということで、シード段階での投資が実現できた。筆者も名ばかりの社外取締役を務め、微量ではあるが業務にも関わることができた。この企業は目覚ましい成長を遂げ上場を実現した。実はこの企業の成功は筆者にとって予想できていたことではなかった。経営陣の熱意には感服するばかりである。他に投資した数件は残念ながら成功とはいかなかった（スタートアップ投資とはそういうものである）。

アドバイザー

大きな企業から新規事業やM&A、マイノリティ投資に関する相談を多数いただくようになった。本書に書かれている気付きの多くをこのアドバイザーとしての経験から得ることになる。相談をいただく数が増加し、組織化する必要性が発生して創業したのが、現在筆者が代表を務めるコンサルティング会社・ストラテジーキャンパスである。

新規事業

様々な経験の結果、戦略を策定して新規事業を立ち上げるということにはかなり慣れてきた。自分で行う新規事業も一定程度予想通りには成長させることができるようになった。

本書の主な主張と筆者の経験の対応関係をＡＩ事業を例として簡単に整理する。

【主張】自社の能力に企業は強い制約を受けている。能力を正確に把握し、実行可能性がある領域で成果を出す。

【背景】人材会社から自社でのデジタルサービス運営、他の人材会社へサービス提供、人材業界以外への販売と段階的に進んだ。

【主張】飛び地の能力を拡大する。

【背景】日常的な能力拡大だけでは人材会社からＡＩ企業へと変貌することはできなかった。キーパーソンを採用できたことがこの変貌を可能にした。

【主張】能力は日常的に拡大させる。

【背景】新規顧客開拓・新商材開発を常に行った、新規採用を行い組織の能力拡大に努めた。

【主張】インサイトを得るには顧客との対話が有効。

【背景】新規事業立ち上げの際は、まずは筆者が営業を行い、インサイトの獲得および初期1000万円程度の売上創出から始めた。小規模な会社では代表が営業することが特に重要となる。

【主張】先行者たちの動きを十分に知り競争戦略を作る。
【背景】常に参考にできそうな企業の情報を収集した。

【主張】事業立ち上げは機動的に行う体制が必須。
【背景】事業立ち上げ時は代表として先頭に立っており、かつチームも機動的な動きに慣れていた。会社の文化として新規事業には常に取り組む姿勢があり、試してみて事業が立ち上がらなかったとしても、そういうものであるという受容性があった。

【主張】熱意を持ち、集中して取り組む期間を設ける。
【背景】急拡大できた事業のほとんどは、3ヶ月程度は集中して取り組んでいた。

今後やりたいこと

筆者は何かやりたいことがある場合、それを発信することで機会を引き寄せるという方法で実現してきた（もちろん発信した内容の全てが実現するわけではないが、発信しなければ始まらない）。本書においてもやりたいことを発信することをお許しいただきたい。本書も共に事業に取り組む方々と出会う契機にしていきたいと思っている。

やりたいこと 1　能力獲得と新領域開拓を常に続ける企業への変革

これは本書のテーマであると同時に、筆者が代表を務めるストラテジーキャンパスの事業内容である。筆者の過去経歴では事業領域は多岐にわたるが、一貫したテーマには「企業変革」というものがあり続けた。これまでにプロジェクト数としては数百の実績があり、国内を代表する企業らと共に、本書で提唱する方法を実践している。戦略を策定し、多国間の企業が連携しながら新たな事業を創出する機会に携われることは非常にエキサイティングであり、また誇らしくもある。新たな領域進出に本気で関心がある企業と共に挑戦していきたいと考えている。

やりたいこと 2　グローバル売上拡大への貢献

最近では、様々な国の人たちと議論・交渉をしながら事業創出やパートナーシップを主導していく役割が増えてきた。既存事業の成長および新規事業の創出両面でパートナーシップやM＆Aの実現を推進している。この仕事を通じ、実に様々な国へ行く機会を得た。業務を経験した国はアメリカ、カナダ、イスラエル、インド（筆者が幼少期を過ごした国でもある）、ドイツ、スペイン、イギリス、シンガポール、タイ、インドネシアなどが含まれる。今後も体制を強化し、本事業を推進していきたい。

やりたいこと 3

AI・データの活用

元々筆者は学生時代よりアルゴリズムというものについて大きな関心を持っていた。毎日プログラムを書き続けていた大学院の日々も懐かしく感じる。

言うまでもなく、ソフトウェアの発展は目覚ましく、常に新たな活用方法が切り開かれていく領域である。筆者が創業に参画した株式会社キャメルテクノロジーでは、AI・データの活用を推し進めている。キャメルテクノロジーでは多くの事業が生まれているが、本書に関係する事業としてはVOC(Voice of Customer)と呼ばれる領域だ。顧客との対話が極めて重要であることは本書に繰り返し書いたが、社内の全員が顧客と対話機会を頻繁に得るというのは実務的には難しいだろう。

ではどのように顧客インサイトを社員が得続けることができるのだろうか。それに対する1つの提案として、コールセンターやアンケート内容をAIを活用して整理し、初期的なインサイトを示したものを経営陣も含め閲覧可能にする、というのがキャメルテクノロジーのVOC事業のサービスである。まだ開始間もない事業であり発展途上にあるが、実に面白いビジネスだ。

あとがき

本書は２０２４年３−４月にかけて集中的に取材と執筆を進めていった。毎日早朝に起きて２時間程は本を書くという生活であった。毎日ブログ記事を２本書く生活を１−２ヶ月継続すると捉えるとかけるべき時間がおおよそわかるのではないだろうか。

取材をした事例は10件に満たず、それぞれの取材は１時間である。しかし１つの取材から言えることがなんと多いことだろう。何度録音を聞き直しても新しいことを書きたくなってしまう内容であった。その結果、執筆には予想よりも多くの時間がかかってしまった。

本書を執筆するに当たってはまず、大変快く取材を引き受けていただけた石倉氏、岡田氏、片石氏、加藤氏、重松氏、高橋氏、高原氏、長島氏、成田氏に心より感謝申し上げたい（五十音順）。また匿名でありながら事例を掲載することを許可いただけたＩ氏、Ｃ氏、原稿を推敲してくれた妻、編集・出版に向けた多くの面で協力をいただいた白戸翔氏、常にアドバイスをいただいている河端保志氏（TWOSTONE&Sons共同代表、代表取締役ＣＥＯ）、野口圭登氏（Brave group代表取締役）、スモールＭ＆Ａおよび書籍に関するアドバイスをいただいた勝木健太氏（株式会社And Technologies代表取締役。みらいワークス社へ企業を売却）、山﨑雄太氏（株式会社Minato代表取締役、スモールＭ＆Ａを自社で実施）、筆者と共に事業に挑戦した全ての仲間に感謝申し上げたい。

壮大過ぎる表現かもしれないが「個別の事象をつなぎ合わせ統一的な説明が可能な理論を作っていく」という取り組みは実に面白いものであった。本書を書き始めた当初は、理論の骨格はでき上がっておらず、現在の仕上がりは予想していなかった。

論理的な矛盾が発生しないよう、何度も書き直す過程で現在の骨格となっていった。極力シンプルで読みやすくするため、かなりの部分を削除した。書き終えてみると当たり前であり、シンプル過ぎるような気もするがカジュアルに新規事業・M&A・マイノリティ投資というテーマに触れていただくにはほどよい程度の無骨さではないだろうか。

本を書くことで、日々の気付きは多くなり、ついメモを取り出し「本にこのように記載しよう」ということを考えることが一日に何度もあった。本を書くことはかなり筆者にとっては大変であるのだが、この気付きが増えるというのが素晴らしいことであった。

今後とも研究は続け、書籍は書き続けたいものである。

主な参考文献・資料一覧

第1部

日経XTECH『ソフトバンクは携帯参入の楽天とどう戦う？ 宮内社長に聞く（上）』
https://xtech.nikkei.com/atcl/nxt/column/18/00677/070800019/
日経XTECH『「経済圏なんて時代錯誤」ソフトバンク宮内社長に聞くPayPayの勝算（下）』
https://xtech.nikkei.com/atcl/nxt/column/18/00677/070800020/
note『メルカリ 小泉さんからのエグい学び』
https://note.com/horishou/n/nfdd6964c6d78
GenesiaVentures『【創業の軌跡】Vol.2 ラクスル／松本 恭攝』
https://www.genesiaventures.com/road-to-startup-2-yasukane-matsumoto/
創業手帳『大企業もベンチャーも経験した起業家、スペースマーケット代表・重松大輔氏インタビュー』
https://sogyotecho.jp/shigematsu-interview/
『ブリッツスケーリング　苦難を乗り越え、圧倒的な成果を出す武器を共有しよう』（日経BP、2020年）
『富士フイルムの「変える力」』（ぱる出版、2017年）
JDSC×UTEC　『データで日本をアップグレードする』
https://www.ut-ec.co.jp/story/jdsc
Fashion Tech News『yutoriがつくりだした私たちの場所：SNSでファッションをビジネスにするには？（前編）』
https://ftn.zozo.com/n/n352228d45f9d
ITmedia Mobile『「Web2.0はもう古い」――グリーが携帯SNSでKDDIと手を組む狙い』
https://www.itmedia.co.jp/mobile/articles/0608/01/news055.html
DIGITAL Transformation Lab.『DXにおける多様な視点』
https://www.dxlab.jp/press/2021/11/25/pointofview
株式会社プログリット「2024年8月期 第1四半期 決算説明資料」
https://ssl4.eir-parts.net/doc/9560/tdnet/2379189/00.pdf
『マイケル・ポーターの競争戦略』（早川書房、2012年）

第2部

『BLUE OCEAN』
https://www.blueoceanstrategy.com/what-is-blue-ocean-strategy/
『[新版] ブルー・オーシャン戦略――競争のない世界を創造する』（ダイヤモンド社、2015年）
キュービーネットホールディングス株式会社「2024年6月期上期 決算説明会資料」
https://contents.xj-storage.jp/xcontents/AS03629/cefb2960/261f/4faf/994b/75a61b31e509/140120240208530156.pdf
『なぜ、TikTokは世界一になれたのか？』（かんき出版、2022年）
『Jen-Hsun Huang: Stanford student and Entrepreneur, co-founder and CEO of NVIDIA』
https://www.youtube.com/watch?v=Xn1EsFe7snQ
『How Airbnb Founders Sold Cereal to Keep Their Dream Alive』
https://ehandbook.com/how-airbnb-founders-sold-cereal-to-keep-their-dream-alive-d44223a9bdab
『When John Doerr Brought a 'Gift' to Google's Founders』
https://www.wired.com/story/when-john-doerr-brought-a-gift-to-googles-founders/
『Brian Chesky, Co-Founder and CEO of Airbnb: Designing a 10-star Experience』
https://www.youtube.com/watch?v=V6h_EDcj12k
『Googleのソフトウェアエンジニアリング――持続可能なプログラミングを支える技術、文化、プロセス』（オライリー・ジャパン、2021年）
クラウドソーシングTIMES
https://crowdworks.jp/times/
FASTGROW『コンセプト明確化から同質化戦略へ移行。クラウドワークスが明かす、後発で市場を席巻する事業戦略』
https://www.fastgrow.jp/articles/crowdworks-narita
グロービス経営大学院『業界最大級のクラウドワークスに見る、プラットフォーム型ビジネスの現在と未来 ――グロービス経営大学院・公認クラブ「ビジネスモデル研究会」イベントレポート』
https://mba.globis.ac.jp/knowledge/detail-17880.html
『ゼロ・トゥ・ワン』（NHK出版、2014年）

第3部

『Mission Command』防衛戦略研究室 原野博文
https://www.mod.go.jp/asdf/meguro/center/img/03b1.pdf
YouTube『ゆとらない日々 アパレル企業の裏側』
https://www.youtube.com/@yutoriinc
BUSINESS INSIDER『ZOZO傘下のD2Cアパレル「yutori」が上場。「誰もが知るブランドは作らない」断言する理由』
https://www.businessinsider.jp/post-280553

著者プロフィール

中村陽二（なかむら・ようじ）
株式会社ストラテジーキャンパス代表取締役

東京大学工学部卒・同大学院工学系研究科修了後、2014年新卒でマッキンゼー・アンド・カンパニー入社。2015年退社後、事業再生を目的とした株式会社サイシード設立、代表取締役に就任。人材・広告会社を買収し代表として事業再生を行う。事業再生の後、会社を売却し、売却先の取締役に就任。2017年より新規事業としてAI事業を立ち上げ売上20億円・営業利益11億円に到達後、投資ファンドへ売却。2021年、取締役として東証グロース市場へ上場。2021年、エンジェル投資先企業の東証グロース市場への上場を経験。現在は株式会社ストラテジーキャンパスの代表として、国内および海外を対象とした新規事業・投資に関するアドバイザリーに多数取り組んでいる。

インサイト中心《ちゅうしん》の成長戦略《せいちょうせんりゃく》

上場《じょうじょう》企業創業者《きぎょうそうぎょうしゃ》から学《まな》ぶ事業創出《じぎょうそうしゅつ》の実践論《じっせんろん》

2024年9月30日　初版第1刷発行
2025年1月24日　初版第2刷発行

著　　者　中村陽二
発 行 者　岩野裕一

発 行 所　株式会社実業之日本社
〒107-0062　東京都港区南青山6-6-22 emergence 2
電話（編集）03-6809-0473
（販売）03-6809-0495
https://www.j-n.co.jp/
印刷・製本　三松堂株式会社

ISBN978-4-408-65105-7（第二書籍）